Easy Persian Reader

Beginner to Low Intermediate Level

Nazanin Mirsadeghi

Bahar Books
www.baharbooks.com

Mirsadeghi, Nazanin
Easy Persian Reader: Beginner to Low Intermediate Level (Farsi- English Bi-lingual Edition)/Nazanin Mirsadeghi

Illustrations By: Maurice Gabry

This book remains the property of the publisher and copyright holder, Bahar Books, LLC.
All rights reserved under International Copyright Conventions.
No part of this book may be used, distributed or reproduced in any forms or by any means without the prior written permission of the publisher.

ISBN-10: 1-939099-59-5
ISBN-13: 978-1-939099-59-4

Copyright © 2016 by Bahar Books, LLC

Published by Bahar Books, White Plains, New York

Easy Persian Reader

Beginner to Low Intermediate Level

Preface

The *Easy Persian Reader* is intended to help learners of the Persian language improve their reading and comprehension skills.

This book is suitable for those learners who are at the beginner to intermediate level. Although a basic knowledge of the Persian alphabet such as the ability to recognize, read and write the Persian script is required prior to using this book, a brief overview of the Persian alphabet and the pronunciation of Persian letters have been provided at the beginning of the book.

The *Easy Persian Reader* consists of twelve chapters. Each chapter includes a short reading passage in Persian followed by a series of exercises to develop and test the reader's comprehension of that passage. The passages are accompanied by the transliteration of the Persian sentences. The English translation of all words used in each chapter has been provided at the end of each chapter. The book also provides the key list to the covered exercises.

It is hoped that readers find the material presented in this book helpful and beneficial to their learning the Persian language.

Pronouncing Persian Letters - Table A

ă like the "a" in arm	∗ آ- ا
b like the "b" in boy	ب - بـ
p like the "p" in play	پ - پـ
t like the "t" in tree	ت - تـ
s like the "s" in sun	ث - ثـ
j like the "j" in jam	ج - جـ
č like the "ch" in child	چ - چـ
h like the "h" in hotel	ح - حـ
ǩ like "ch" in the German word *bach*, or Hebrew word *smach*.	خ - خـ
d like the "d" in door	د
z like the "z" in zebra	ذ
r like the "r" in rabbit	ر
z like the "z" in zebra	ز
ž like the "z" in zwago	ژ
s like the "s" in sun	س - سـ
š like the "sh" in shell	ش - شـ
s like the "s" in sun	ص - صـ
z like the "z" in zebra	ض - ضـ

t like the "t" in tree	ط
z like the "z" in zebra	ظ
ʻ is a glottal stop, like between the syllables of "uh-oh".	ع ـ ـعـ ـ ـع
ğ like the "r" in French word *merci*	غـ ـ ـغـ ـ ـغ
f like the "f" in fall	فـ ـ ف
ğ like the "r" in French word *merci*	قـ ـ ق
k like the "k" in kite	کـ ـ ک
g like the "g" in game	گـ ـ گ
l like the "l" in lost	لـ ـ ل
m like the "m" in master	مـ ـ م
n like the "n" in night	نـ ـ ن
v like the "v" in van	و
o like the "o" in ocean	و
On some occasions, it has no sound and becomes silent.	و
u like the "u" in sure	✻ او ـ و
h like the "h" in hotel	هـ ـ ـهـ ـ ـه ـ ه
e like the "e" in element	ـه ـ ه
y like the "y" in yellow	یـ ـ ی
i like the "ee" in need	✻ ایـ ـ یـ ـ ی ـ ای

✻ long vowels

a like the "a" in animal	اَ – ◌َ **
o like the "o" in ocean	اُ – ◌ُ **
e like the "e" in element	اِ – ◌ِ **

** short vowels

Persian Letters with the Same Pronunciation
(extracted from Table A)

t like the "t" in tree	تـ – ت
	ط
ğ like the "r" in French word *merci*	قـ – ق
	غـ – ـغـ – ـغ
h like the "h" in hotel	حـ – ح
	هـ – ـهـ – ـه – ه
s like the "s" in sun	ثـ – ث
	سـ – س
	صـ – ص
z like the "z" in zebra	ذ
	ز
	ض
	ظ

Arabic Signs

Represents doubled consonants.	ّ
ʼ is a glottal stop, like between the syllables of "uh-oh".	ء
an like "an" in the "can"	ً

Names of Persian Letters- Table B

alef	آ - ا
be	ب - بـ
pe	پ - پـ
te	ت - تـ
se	ث - ثـ
jim	ج - جـ
če	چ - چـ
he	ح - حـ
ǩe	خ - خـ
dăl	د
zăl	ذ
re	ر
ze	ز
že	ژ
sin	س - سـ

šin	شـ - ش
săd	صـ - ص
zăd	ضـ -ض
tă	ط
ză	ظ
eyn	عـ - ـعـ - ع
ğeyn	غـ - ـغـ - غ
fe	فـ - ف
ğăf	قـ - ق
kăf	کـ - ک
găf	گـ - گ
lăm	لـ - ل
mim	مـ - م
noon	نـ - ن
văv	و
he	هـ - ـهـ - ـه - ه
ye	یـ - ی

Persian Numbers- Table C

one	1	۱	یک
two	2	۲	دو
three	3	۳	سه
four	4	۴	چهار
five	5	۵	پنج
six	6	۶	شش
seven	7	۷	هفت
eight	8	۸	هشت
nine	9	۹	نه
ten	10	۱۰	ده
eleven	11	۱۱	یازده
twelve	12	۱۲	دوازده
thirteen	13	۱۳	سیزده
fourteen	14	۱۴	چهارده
fifteen	15	۱۵	پانزده
sixteen	16	۱۶	شانزده
seventeen	17	۱۷	هفده
eighteen	18	۱۸	هیجده
nineteen	19	۱۹	نوزده

twenty	20	۲۰	بیست
thirty	30	۳۰	سی
forty	40	۴۰	چهل
fifty	50	۵۰	پنجاه
sixty	60	۶۰	شصت
seventy	70	۷۰	هفتاد
eighty	80	۸۰	هشتاد
ninety	90	۹۰	نود
(one) hundred	100	۱۰۰	صد
two hundred	200	۲۰۰	دویست
three hundred	300	۳۰۰	سیصد
four hundred	400	۴۰۰	چهارصد
five hundred	500	۵۰۰	پانصد
six hundred	600	۶۰۰	ششصد
seven hundred	700	۷۰۰	هفتصد
eight hundred	800	۸۰۰	هشتصد
nine hundred	900	۹۰۰	نهصد
(one) thousand	1000	۱۰۰۰	هزار

Chapter 1

Passage

این پارسا اَست.

/in- păr.să- ast/

پارسا دَر آمریکا به دُنیا آمَده اَست.

/păr.să- dar- ăm.ri.kă- be- don.yă- ă.ma.de- ast/

پارسا دَر نیویورک زِندِگی می کُنَد.

/păr.să - dar- ni.yo.york- zen.de.gi- mi.ko.nad/

پِدَرِ پارسا ایرانی اَست.

/pe.da.re- păr.să -i.ră.ni- ast/

مادَرِ پارسا آمریکایی اَست.

/mă.da.re- păr.să- ăm.ri.kă.yi- ast/

پارسا با پِدَر وَ مادَرَش به زَبانِ اِنگِلیسی حَرف می زَنَد.

/păr.să- bă- pe.dar- va- mă.da.raš- be- za.bă.ne- en.gi.li.si- harf- mi.za.nad/

زَبانِ مادَریِ پارسا اِنگِلیسی اَست.

/za.bă.ne- mă.da.ri.ye- păr.să- en.gi.li.si- ast/

پارسا فارسی بَلَد نیست.

/păr.să- făr.si- ba.lad- nist/

پارسا نِمی تَوانَد به فارسی بِخوانَد وَ بِنِویسَد.

/păr.să- ne.mi.ta.vă.nad- be- făr.si- be.ǩă.nad- va- be.ne.vi.sad/

پارسا نِمی تَوانَد به زَبانِ فارسی حَرف بِزَنَد.

/păr.să- ne.mi.ta.vă.nad- be- za.bă.ne- făr.si- harf- be.za.nad/

پارسا فارسی را خِیلی کَم می فَهمَد.

/păr.să- făr.si- ră- ǩey.li- kam- mi.fah.mad/

پارسا خِیلی دوست دارَد بیشتَر فارسی یاد بِگیرَد.

/păr.să- ǩey.li- dust- dă.rad- biš.tar- făr.si- yăd- be.gi.rad/

Exercises

۱.۱ Check ✓ True or False.

True / False

☐ ☐ ۱- پارسا دَر ایران به دُنیا آمَده اَست.

☐ ☐ ۲- پارسا فارسی حَرف نِمی زَنَد.

☐ ☐ ۳- مادَرِ پارسا ایرانی اَست.

☐ ☐ ۴- پارسا اِنگِلیسی بَلَدَست.

☐ ☐ ۵- پارسا دَر نیویورک زِندِگی نِمی کُنَد.

☐ ☐ ۶- پارسا با مادَرَش فارسی وَ با پِدَرَش اِنگِلیسی حَرف می زَنَد.

☐ ☐ ۷- پارسا دوست دارَد بیشتَر فارسی یاد بِگیرَد.

☐ ☐ ۸- زبانِ مادَریِ پارسا فارسی اَست.

☐ ☐ ۹- پارسا فارسی را کَمی می فَهمَد.

1.2 Complete the sentences by using one of the words below.

فارسی - آمریکایی - بِخوانَد وَ بِنِویسَد - زِندِگی می کُنَد
دوست دارَد - پِدَرِ پارسا - مادَرِی - نِمی تَوانَد - به دُنیا آمَده اَست

۱- مادَرِ پارسا ________ اَست.

۲- پارسا دَر نیویورک ________ .

۳- پارسا ________ بَلَد نیست.

۴- پارسا ________ فارسی بِخوانَد.

۵- پارسا ________ فارسی یاد بِگیرَد.

۶- ________ ایرانی اَست.

۷- زَبانِ ________ پارسا، اِنگِلیسی اَست.

۸- پارسا دَر آمریکا ________ .

۹- پارسا نِمی تَوانَد به فارسی ________ .

1.3 Unscramble the sentences and rewrite them in the space provided.

۱) پارسا - مادَرِ - اَست - آمریکایی

____

۲) دوست دارَد - پارسا - یاد بِگیرَد - فارسی

____

۳) با - حَرف می زَنَد - پارسا - به زَبانِ اِنگِلیسی - پِدَر وَ مادَرَش

____

۴) فارسی - بَلَد نیست - پارسا

____

۵) دَر- به دُنیا آمَده اَست - پارسا - آمریکا

____

1.4 Complete the sentences with the correct words.

۱- پارسا ________ فارسی حَرف بِزَنَد.

می تَوانَد نِمی تَوانَد نِمی خواهَد

۲- پارسا ________ را خِیلی کم می فَهمَد.

انگِلیسی ایتالیایی فارسی

۳- پِدَرِ پارسا ________ اَست.

ایرانی آمریکایی نیویورکی

۴- پارسا دَر ________ به دُنیا آمَده اَست.

ایران آمریکا تِهران

۵- پارسا ________ فارسی یاد بِگیرَد.

دوست دارَد دوست نَدارَد نِمی تَوانَد

1.5 Look at the picture and complete the sentence below.

پارسا ـــــــ پِدَر و مادَرَش به زَبانِ ـــــــ حَرف می زَنَد.

VOCABULARY

Words Related to the Passage

this	این
is	اَست
in	دَر
to be born	به دُنیا آمَده اَست (به دُنیا آمَدَن)
to live	زِندِگی می کُنَد (زِندِگی کَردَن)
father	پِدَر
mother	مادَر
with	با
language	زَبان
to speak	حَرف می زَنَد (حَرف زَدَن)
mother tongue	زَبانِ مادَری
not to know	بَلَد نیست (بَلَد نَبودَن)
not to be able to	نِمی تَوانَد (نَتَوانِستَن)
to read	بِخوانَد (خواندَن)
to write	بِنِویسَد (نِوِشتَن)
very	خِیلی
little	کَم
to understand	می فَهمَد (فَهمیدَن)
to like	دوست دارَد (دوست داشتَن)
more	بیشتَر
to learn	یاد بِگیرَد (یاد گِرِفتَن)

Words Related to the Exercises

not to live	زِندِگی نِمی کُنَد (زِندِگی نَکَردَن)
a little	کَمی
not to want	نِمی خواهَد (نَخواستَن)
not to like	دوست نَدارَد (دوست نَداشتَن)

Chapter 2

Passage

اینِ دِیوید اَست.

/in- dey.vid- ast/

دِیوید آمریکایی اَست.

/dey.vid- ăm.ri.kă.yi- ast/

دِیوید وَ هَمسَرَش دَر حومه ی نیویورک خانه ای کوچَک دارَند.

/dey.vid- va- ham.sa.raš- dar- hu.me.ye- ni.yo.york- kă.ne.i- ku.čak- dă.rand/

اسمِ هَمسَرِ دِیوید، مَریَم اَست.

/es.me- ham.sa.re- dey.vid- mar.yam- ast/

مَریَم ایرانی اَست.

/mar.yam- i.ră.ni- ast/

دِیوید دانشجویِ رِشته ی زیست شناسی اَست.

/dey.vid- dă.neš.ju.ye- reš.te.ye- zist.še.nă.si- ast/

دِیوید می خواهَد پِزِشک شَوَد.

/dey.vid- mi.kă.had- pe.zešk- ša.vad/

دِیوید دَر دانشگاه، زَبانِ فارسی هَم می خوانَد.

/dey.vid- dar- dă.neš.gah- za.bă.ne- făr.si- ham- mi.kă.nad/

دِیوید دوست دارَد فارسی یاد بِگیرَد وَ با مَریَم فارسی حَرف بِزَنَد.

/dey.vid- dust- dă.rad- făr.si- yăd- be.gi.rad- va- bă- mar.yam- făr.si- harf- be.za.nad/

دِیوید دوست دارَد دَرباره ی ایران بیشتَر بِدانَد.

/dey.vid- dust- dă.rad- dar.bă.re.ye- i.răn- biš.tar- be.dă.nad/

دِیوید دوست دارَد با مَریَم به ایران سَفَر کُنَد.

/dey.vid- dust- dă.rad- bă- mar.yam- be- i.răn- sa.far- ko.nad/

Exercises

2.1 Check ✓ True or False.

True / False

True	False	
☐	☐	۱- دِیوید ایرانی است.
☐	☐	۲- دِیوید دانِشجویِ رِشته ی زیست شِناسی است.
☐	☐	۳- دِیوید می خواهَد مُعَلّم بِشَوَد.
☐	☐	۴- دِیوید دوست دارَد دَرباره ی ایران بیشتَر بِدانَد.
☐	☐	۵- مَریَم زَنِ دِیوید است.
☐	☐	۶- دِیوید در کالیفُرنیا زِندِگی می کُنَد.
☐	☐	۷- دِیوید دوست نَدارَد به ایران سَفَر کُنَد.
☐	☐	۸- دِیوید شوهَرِ مَریَم است.
☐	☐	۹- دِیوید و مَریَم در آپارتِمان زِندِگی می کُنَند.

2.2 Complete the sentences by using one of the words below.

دِیوید - پِزِشک - ایرانی - دوست دارَد - زَبانِ فارسی
زیست شِناسی - خانه ی - ایران - هَمسَرِ - کوچَک

۱- مَریَم ________ است.

۲- دِیوید می خواهَد ________ بِشَوَد.

۳- دِیوید و مَریَم یِک ________ کوچَک دارَند.

۴- دِیوید در دانِشگاه ________ و ________ می خوانَد.

۵- دِیوید دوست دارَد به ________ سَفَر کُنَد.

۶- دِیوید ________ با مَریَم فارسی حَرف بِزَنَد.

۷- دِیوید ________ مَریَم است.

۸- خانه ی مَریَم و دِیوید ________ است.

۹- مَریَم زَنِ ________ است.

2.3 Unscramble the sentences and rewrite them in the space provided.

۱) خانه ی - دارَند - مَریَم و دِیوید - کوچَک - یِک

_____

۲) است - مَریَم - شوهَرِ - دِیوید

_____

۳) زیست شِناسی - رِشته ی - دانِشجویِ - است - دِیوید

_____

۴) دوست دارَد - دِیوید - فارسی - یاد بِگیرَد

_____

۵) سَفَر کُنَد - دِیوید - ایران - دوست دارَد - به

_____

2.4 Complete the sentences with the correct words.

۱- دِیوید و مَریَم در ____________ نیویورک زِندِگی می کُنَند.

حومه ی   داخِلِ   قَلبِ

۲- مَریَم ____________ دِیوید است.

خواهَرِ   هَمسَرِ   مادَرِ

۳- دِیوید ____________ رِشته ی زیست شِناسی است.

اُستادِ   دانِشجویِ   مُعَلّمِ

۴- مَریَم و دِیوید یِک ____________ کوچَک دارَند.

خانه ی   آپارتِمانِ   اُتاق

۵- دِیوید ____________ پِزِشک بِشَوَد.

نِمی خواهَد   دوست نَدارَد   می خواهَد

2.5 Look at the picture and complete the sentence below.

دیوید _____ با مَریَم _____ ایران سَفَر کُنَد.

VOCABULARY

Words Related to the Passage

and	وَ
spouse	هَمسَر
suburb	حومه
house	خانه
small	کوچَک
to have	دارَند (داشتَن)
name	اِسم
college student	دانِشجو
biology (field of study)	رِشته ی زیستِ شناسی
to want	می خواهَد (خواستَن)
doctor	پِزِشک
to become	شَوَد (شُدَن)
university	دانِشگاه
also	هَم
to study	* می خوانَد (خواندَن)
about	دَرباره ی
to know	بِدانَد (دانِستَن)
to	به
to travel	سَفَر کُنَد (سَفَر کردَن)

* also: to read

Words Related to the Exercises

teacher	مُعَلِّم
wife	** زَن
husband	شوهَر
apartment	آپارتِمان
inside	داخِل
heart	قَلب
sister	خواهَر
professor	اُستاد
room	اُتاق

** also: woman

Chapter 3

Passage

دانشگاه دیوید از خانه دور است.

/dă.neš.gă.he- dey.vid- az- ǩă.ne- dur- ast/

دیوید ماشین نَدارَد.

/dey.vid- mă.šin- na.dă.rad/

دیوید هَر روز با اُتوبوس به دانشگاه می رَوَد.

/dey.vid- har- ruz- bă- o.to.bus- be- dă.neš.găh- mi.ra.vad/

ایستگاه اُتوبوس به خانه ی دیوید و مریم نَزدیک نیست.

/ist.gă.he- o.to.bus- be- ǩă.ne.ye- dey.vid- va- mar.yam- naz.dik- nist/

دیوید بایَد از خانه تا ایستگاه اُتوبوس دَه دَقیقه پیاده بِرَوَد.

/dey.vid- bă.yad- az- ǩă.ne- tă- ist.gă.he- o.to.bus- dah- da.ği.ğe- pi.yă.de- be.ra.vad/

اُتوبوس گاهی دیر می آیَد.

/o.to.bus- gă.hi- dir- mi.ă.yad/

اَگر اُتوبوس دیر بیایَد، دیوید دیر به کِلاسَش می رِسَد.

/a.gar- o.to.bus- dir- bi.yă.yad- dey.vid- dir- be- ke.lă.saš- mi.re.sad/

دیوید نمی خواهَد دیر به کِلاس بِرِسَد، پَس گاهی سَوارِ تاکسی می شَوَد.

/dey.vid- ne.mi.ǩă.had- dir- be- ke.lăs- be.re.sad- pas- gă.hi- sa.vă.re- tăk.si- mi.ša.vad/

تاکسی تُندتَر از اُتوبوس حَرِکَت می کُنَد.

/tăk.si- tond.tar- az- o.to.bus- ha.re.kat- mi.ko.nad/

تاکسی در ایستگاه های مُختَلف تَوَقُّف نمی کُنَد.

/tăk.si- dar- ist.găh.hă.ye- moǩ.ta.lef- ta.vağ.ğof- ne.mi.ko.nad/

دیوید دِلَش می خواهَد هَر روز سَوارِ تاکسی بشَوَد، اَمّا نمی تَوانَد.

/dey.vid- de.laš- mi.ǩă.had- har- ruz- sa.vă.re- tăk.si- be.ša.vad- am.mă- ne.mi.ta.vă.nad/

کِرایه ی تاکسی خِیلی بیشتَر از کِرایه ی اُتوبوس است.

/ke.ră.ye.ye- tăk.si- ǩey.li- biš.tar- az- ke.ră.ye.ye- o.to.bus- ast/

دیوید می خواهَد پولَش را بَرایِ خَریدَنِ ماشین پَس اَنداز کُنَد.

/dey.vid- mi.ǩă.had- pu.laš- ră- ba.ră.ye- ǩa.ri.da.ne- mă.šin- pa.san.dăz- ko.nad/

Exercises

3.1 Check ✓ True or False.

True / False

☐ ☐ ۱- دیوید هَر روز با تاکسی به دانِشگاه می رَوَد.

☐ ☐ ۲- دیوید ماشین نَدارَد.

☐ ☐ ۳- اُتوبوس هَمیشه دیر می آیَد.

☐ ☐ ۴- دیوید دوست دارَد تاکسی سَوار بِشَوَد.

☐ ☐ ۵- کِرایه ی اُتوبوس بیشتَر از کِرایه ی تاکسی است.

☐ ☐ ۶- دیوید از خانه تا ایستگاهِ اُتوبوس پَنج دَقیقه پیاده می رَوَد.

☐ ☐ ۷- تاکسی در ایستگاه های مُختَلِف تَوَقُّف نِمی کُنَد.

☐ ☐ ۸- تاکسی تُندتَر از اُتوبوس حَرِکَت می کُنَد.

☐ ☐ ۹- دیوید پولَش را بَرایِ خَریدنِ خانه پَس اَنداز می کُنَد.

3.2 Complete the sentences by using one of the words below.

> نَدارَد - کِرایه ی - پَس اَنداز کُنَد - سَوار بِشَوَد - گاهی اَگر - تُندتَر - دور - پیاده بِرَوَد - دیر

۱- دانِشگاهِ دیوید از خانه _____ است.

۲- دیوید ماشین _____ .

۳- دیوید دوست دارَد تاکسی _____ .

۴- تاکسی از اُتوبوس _____ حَرِکَت می کُنَد.

۵- کِرایه ی اُتوبوس کَمتَر از _____ تاکسی است.

۶- دیوید می خواهَد پولَش را بَرایِ خَریدَنِ ماشین _____ .

۷- دیوید بایَد از خانه تا ایستگاهِ اُتوبوس دَه دَقیقه _____ .

۸- اُتوبوس _____ دیر می آیَد.

۹- _____ اُتوبوس دیر بیایَد، دیوید _____ به کِلاس می رِسَد.

3.3 Look at the picture and complete the sentence below.

دِیوید می خواهَد ________ را ________ خَریدنِ ماشین پَس اَنداز کُنَد.

3.4 Unscramble the sentences and rewrite them in the space provided.

۱- اُتوبوس - می آیَد - گاهی - دیر

۲- دیوید - دیر - نِمی خواهَد - به کِلاس - بِرِسَد

۳- کرایه ی اُتوبوس - است - کرایه ی تاکسی - بیشتَر - از

۴- تُندتَر - تاکسی - اُتوبوس - از - حَرِکَت می کُنَد

۵- می خواهَد - خَریدَنِ ماشین - دیوید - پَس اَنداز کُنَد - پولَش را برایِ

3.5 Complete the sentences with the correct words.

۱- ایستگاهِ اُتوبوس به خانه ی ______________ نَزدیک نیست.

مریم و دیوید   پارسا   پِدَرِ پارسا

۲- دیوید بایَد از ________ تا ایستگاهِ اُتوبوس دَه دَقیقه پیاده بِرَوَد.

دانِشگاه   خانه   کِلاس

۳- اُتوبوس گاهی ________ می آیَد.

دیر   زود   خالی

۴- اَگر اُتوبوس ________ بیایَد، دیوید دیر به کِلاسَش می رِسَد.

خالی   زود   دیر

۵- تاکسی در ایستگاه های مُختَلِف ______________ .

تَوَقُّف نِمی کُنَد   تَوَقُّف می کُنَد   می ایستَد

3.6 Look at the picture and complete the sentence below.

دِیوید ـــــــــ سَوارِ ـــــــــ می شَوَد.

3.7 Translate these sentences into Persian.

1- David does not have a car.

_____

2- The bus is sometimes late.

_____

3- Taxis move faster than buses.

_____

4- The taxi fare is more than the bus fare.

_____

5- David wants to save his money to buy a car.

_____

VOCABULARY

Words Related to the Passage

far	دور
car	ماشین
every day	هَر روز
bus	اُتوبوس
to go	می رَوَد (رَفتَن)
bus stop	ایستگاه اُتوبوس
close	نَزدیک
is not	نیست
have to	بایَد
from	اَز
to	تا
ten	دَه
minute	دَقیقه
to walk	پیاده بِرَوَد (پیاده رَفتَن)
sometimes	گاهی
late	دیر
to come	می آیَد (آمَدَن)
if	اَگر
class	کِلاس
to arrive	می رِسَد (رِسیدَن)
therefore	پَس
to ride	سَوار می شَوَد (سَوار شُدَن)
taxi	تاکسی

faster	تُندتَر
to move	حَرکَت می کُنَد (حَرِکت کردَن)
different	مُختَلِف
to stop	تَوَقُّف نِمی کُنَد (تَوَقُّف کردَن)
to like	دِلَش می خواهَد (دِل خواستَن)
but	اَمّا
fare	کِرایه
money	پول
for	بَرای
to buy	خَریدَن
to save	پَس اَنداز کُنَد (پَس اَنداز کردَن)

Words Related to the Exercises

always	هَمیشه
five	پَنج
empty	خالی
to stop *	* می ایستَد (ایستادَن)

* also: to stand

Chapter 4

Passage

این سام است.

/in- săm- ast/

سام در ایران به دُنیا آمده است.

/săm- dar- i.răn- be- don.yă- ă.ma.de- ast/

سام در ایران بُزُرگ شُده است.

/săm- dar- i.răn- bo.zorg- šo.de- ast/

بیست سالِ پیش، سام برایِ ادامه ی تَحصیل به آمریکا آمد.

/bist- să.le- piš- săm- ba.ră.ye- e.dă.me.ye- tah.sil- be- ăm.ri.kă- ă.mad/

از آن زَمان، سام در نیویورک زندِگی می کند.

/az- ăn- za.măn- săm- dar- ni.yo.york- zen.de.gi- mi.ko.nad/

ده سال است که سام «سیتیِ زنِ» آمریکا شُده است.

/dah- săl- ast- ke- săm- si.ti.ze.ne- ăm.ri.kă- šo.de- ast/

بَنابَراین حالا، سام هَم ایرانی ست، هَم آمریکایی.

/ba.nă.bar.in- hă.lă- săm- ham- i.ră.nist- ham- ăm.ri.kă.yi/

سام در دانشگاه، زبان و اَدَبیاتِ فارسی دَرس می دَهَد.

/săm- dar- dă.neš.găh- za.băn- va- a.da.bi.yă.te- făr.si- dars- mi.da.had/

سام اُستادِ خوبی ست و دانشجوها با عَلاقه در کِلاسِ او شرکَت می کُنَند.

/săm- os.tă.de- ǩu.bist- va- dă.neš.ju.hă- bă- 'a.lă.ğe- dar- ke.lă.se- u- šer.kat- mi.ko.nand/

سام اُستادِ سَختگیری ست، اَمّا دانشجوها از رَوِشِ تَدریسِ او راضی هَستَند.

/săm- os.tă.de- saǩt.gi.rist- am.mă- dă.neš.ju.hă- az- ra.ve.še- tad.ri.se- u- ră.zi- has.tand/

در پایانِ ترمِ تَحصیلی، اَکثَرِ دانَشجویان می تَوانَند به فارسی بِخوانَند و بِنویسَند.

/dar- pă.yă.ne- ter.me- tah.si.li- ak.sa.re- dă.neš.ju.yăn- mi.ta.vă.nand- be- făr.si- be.ǩă.nand- va- be.ne.vi.sand/

Exercises

4.1 Check ✓ True or False.

True / False

☐ ☐ ۱- ده سالِ پیش سام برایِ ادامه ی تَحصیل به آمریکا آمد.

☐ ☐ ۲- سام اُستادِ رشته ی زیست شِناسی است.

☐ ☐ ۳- دانشجویانِ سام رَوِشِ تَدریسِ او را دوست نَدارند.

☐ ☐ ۴- سام در نیویورک اُستادِ دانشگاه است.

☐ ☐ ۵- سام اُستادِ سَختگیری ست.

☐ ☐ ۶- دانشجویان از رَوِشِ تَدریسِ سام راضی هَستَند.

☐ ☐ ۷- سام هَم ایرانی ست و هَم آمریکایی.

☐ ☐ ۸- دانشجویان دوست نَدارند در کِلاسِ سام شِرکَت کُنَند.

☐ ☐ ۹- دانشجویان در کِلاسِ سام فارسی را خوب یاد نِمی گیرَند.

4.2 Complete the sentences by using one of the words below.

سیتی زِنِ - دانِشجویان - بُزُرگ شُده است - هَم - اُستادِ
پایانِ - زبانِ مادَری - ادامه ی تَحصیل - اَدَبیاتِ - ایرانی

۱- بیست سالِ پیش، سام برایِ ________ به آمریکا آمد.

۲- ده سالِ پیش، سام ________ آمریکا شُد.

۳- سام در ایران ________ .

۴- اِنگِلیسی ، ________ سام نیست.

۵- ________ از رَوِشِ تَدریسِ سام راضی هَستَند.

۶- سام ________ سَختگیری ست.

۷- سام هَم ________ ست، و ________ آمریکایی.

۸- در ________ تِرمِ تَحصیلی، اَکثَرِ دانِشجویانِ سام می تَوانَند به فارسی بِخوانَند و بِنِویسَند.

۹- سام اُستادِ زبان و ________ فارسی است.

4.3 Unscramble the sentences and rewrite them in the space provided.

۱) اُستادِ - است - و - خوب - سَختگیری - سام

_____

۲) هَم - سام - آمریکایی - ایرانی ست - هَم - و

_____

۳) دانِشجویان - سام را - دوست دارند - رَوِشِ - تَدریسِ

_____

۴) سام - نیویورک - زِندِگی می کند - در

_____

۵) بُزُرگ شُده است - سام - در - ایران

_____

4.4 Complete the sentences with the correct words.

۱- سام در ایران ______________ .

به دُنیا آمده است　　زِندِگی می کند　　دَرس می دَهَد

۲- سام در دانِشگاه ______________ دَرس می دَهَد.

زبانِ فارسی　　اَدَبیاتِ اِنگِلیسی　　زیست شِناسی

۳- دانَشجویان از رَوِشِ تَدریسِ سام ______________ .

خَسته می شَوَند　　راضی هَستَند　　عَصَبانی هَستَند

۴- دانِشجویان در کِلاسِ سام ______________ .

حَرف می زَنَند　　فارسی یاد می گیرَند　　اِنگِلیسی یاد می گیرَند

۵- سام اُستادِ ______________ است.

بَدی　　بی تَجرُبه ای　　سَختگیری

4.5 Look at the picture and complete the sentence below.

بیست سالِ ________ سام برایِ ادامه ی تَحصیل به آمریکا ________ .

VOCABULARY

Words Related to the Passage

to be raised	بُزُرگ شُده است (بُزُرگ شُدَن)
twenty years ago	بیست سال ِ پیش
to continue one's education	برای ِ ادامه ی تَحصیل
since then	از آن زَمان
citizen	سیتی زِن
therefore	بَنابَراین
now	حالا
literature	اَدَبیات
to teach	دَرس می دَهَد (دَرس دادَن)
professor	اُستاد
good	خوب
with interest	با عَلاقه
to participate	شِرکَت می کُنَند (شِرکَت کردن)
strict	سَختگیر
teaching method	رَوِش تَدریس
he/she	او
satisfied, happy	راضی
[they] are	هَستَند
end	پایان
semester	تِرم ِ تَحصیلی
most of	اَکثَرِ

Words Related to the Exercises

to get tired	خَسته می شَوَند (خَسته شُدن)
angry	عَصَبانی
bad	بَد
inexperienced	بی تَجرُبه

Chapter 5

Passage

پارسا و دیوید با هَم دوست و هَمکِلاس هَستند.

/păr.să- va- dey.vid- bă- ham- dust- va- ham.ke.lăs- has.tand/

هَردو به یاد گِرِفتَنِ زبانِ فارسی عَلاقه ی خاصّی دارند.

/har- do- be- yăd- ge.ref.ta.ne- za.bă.ne- făr.si- ʻa.lă.ğe.ye- ǩăs.si- dă.rand/

پارسا و دیوید اَغلَب با هَم دَرباره ی ایران صُحبَت می کنند.

/păr.să- va- dey.vid- ağ.lab- bă- ham- dar.bă.re.ye- i.răn- soh.bat- mi.ko.nand/

پارسا می خواهد تابِستانِ آیَنده، سه هَفته به ایران بِرَوَد.

/păr.să- mi.ǩă.had- tă.bes.tă.ne- ă.yan.de- se- haf.te- be- i.răn- be.ra.vad/

مادربُزُرگ و پدربُزُرگِ پارسا در ایران زندگی می کنند.

/mă.dar.bo.zorg- va- pe.dar.bo.zor.ge- păr.să- dar- i.răn- zen.de.gi- mi.ko.nand/

مادربُزُرگ و پدربُزُرگِ پارسا پیر هَستند و سَفَر کردن برایِ آنها مُشکِل است.

/mă.dar.bo.zorg- va- pe.dar.bo.zor.ge- păr.să- pir- has.tand- va- sa.far- kar.dan- ba.ră.ye- ăn.hă- moš.kel- ast/

پارسا می خواهد آنقَدر فارسی یاد بگیرد که بتواند با آنها به زبانِ فارسی صُحبَت کند.

/păr.să- mi.ǩă.had- ăn.ğadr- făr.si- yăd- be.gi.rad- ke- be.ta.vă.nad- bă- ăn.hă- be- za.bă.ne- făr.si- soh.bat- ko.nad/

پارسا هَمچِنین دوست دارد با بَستِگانِ ایرانی اش بیشتَر آشنا شَوَد.

/păr.să- ham.če.nin- dust- dă.rad- bă- bas.te.gă.ne- i.ră.ni.yaš- biš.tar- ă.še.nă- ša.vad/

پدرِ پارسا به او قول داده است که در سَفَرَش به ایران او را هَمراهی کند.

/pe.da.re- păr.să- be- u- ğol- dă.de- ast- ke- dar- sa.fa.raš- be- i.răn- u- ră- ham.ră.hi- ko.nad/

دیوید می گویَد او هَم دوست دارد روزی به ایران سَفَر کند و با آداب و رُسومِ مَردُمِ ایران آشنا شَوَد.

/dey.vid- mi.gu.yad- u- ham- dust- dă.rad- ru.zi- be- i.răn- sa.far- ko.nad- va- bă- ă.dăb- va- ro.su.me- mar.do.me- i.răn- ă.še.nă- ša.vad/

Exercises

5.1 Check ✓ True or False.

True / False

☐ ☐ ۱- دیوید و پارسا با هَم هَمسایه هَستَند.

☐ ☐ ۲- دیوید و پارسا با هَم هَمکِلاس هَستَند.

☐ ☐ ۳- دیوید دوست دارد بَستِگانِ ایرانی اش را بِهتَر بِشِناسَد.

☐ ☐ ۴- پارسا می خواهد برایِ سه ماه به ایران سَفَر کند.

☐ ☐ ۵- پدربُزُرگ و مادربُزُرگِ پارسا پیر هَستَند.

☐ ☐ ۶- پارسا به تَنهایی به ایران سَفَر خواهد کرد.

☐ ☐ ۷- پارسا با پدربُزُرگ و مادربُزُرگش فارسی حَرف می زند.

☐ ☐ ۸- دیوید دوست دارد دَرباره ی ایران بیشتَر بِداند.

☐ ☐ ۹- دیوید دوست دارد با آداب و رُسومِ مَردُمِ ایران آشِنا شَوَد.

5.2 Complete the sentences by using one of the words below.

اَغلَب - سَفَر کند - هَستَند - هَمکلاسِ - دوست دارد
پدرِ پارسا - خاصّی - سَفَر کردن - تابستانِ

۱- پارسا __________ آیَنده به ایران سَفَر خواهد کرد.

۲- دیوید __________ پارسا است.

۳- __________ با پارسا به ایران سَفَر خواهد کرد.

۴- پدربُزُرگ و مادربُزُرگِ پارسا پیر __________ .

۵- دیوید به یادگیریِ زبانِ فارسی عَلاقه ی __________ دارد.

۶- __________ برایِ پدربُزُرگ و مادربُزُرگِ پارسا مُشکِل است.

۷- دیوید و پارسا __________ با هَم دَرباره ی ایران صُحبَت می کنند.

۸- دیوید می گویَد او هَم دوست دارد روزی به ایران __________ .

۹- پارسا __________ بَستِگانِ ایرانی اش را بِهتَر بِشناسَد.

5.3 Unscramble the sentences and rewrite them in the space provided.

۱) دوست - دیوید - پارسا - با هَم - هَستَند - و

---

۲) دیوید - دارد - عَلاقه ی - یادگیریِ زبانِ فارسی - به - خاصّی

---

۳) پدرِ پارسا - او - با - ایران - سَفَر خواهد کرد - به

---

۴) سَفَر کردن - مُشکِل است - برایِ - پارسا - پدربُزُرگ و مادربُزُرگِ

---

۵) پارسا - ایران - به - خواهد رَفت - آیَنده - تابستانِ

5.4 Look at the picture and complete the sentence below.

پِدربُزُرگ و ______________ پارسا ___________ هَستَند.

5.5 Complete the sentences with the correct words.

۱- پارسا دوست دارد با __________ ایرانی اش بیشتَر آشِنا بِشَوَد.

بَستِگانِ　　دوستانِ　　هَمکِلاسی هایِ

۲- __________ برایِ پدربُزُرگ و مادربُزُرگِ پارسا مُشکِل است.

فارسی حَرف زدن　　سَفَر کردن　　فارسی یاد گِرِفتَن

۳- پارسا هَمراه با __________ به ایران سَفَر خواهد کرد.

دیوید　　پدرَش　　دوستَش

۴- دیوید با پارسا __________ است.

دوست و هَمکِلاس　　هَمسایه و هَمکِلاس　　دوست و هَمسایه

۵- پدربُزُرگ و مادربُزُرگِ پارسا در __________ زندگی می کنند.

نیویورک　　آمریکا　　ایران

VOCABULARY

Words Related to the Passage

friend	دوست
classmate	هَمکلاس
both	هَردو
special	خاص
often	اَغلَب
to talk	صُحبَت می کُنَند(صُحبَت کردَن)
next summer	تابِستانِ آیَنده
three	سه
week	هَفته
grandmother	مادَر بُزُرگ
grandfather	پِدَر بُزُرگ
old	پیر
for them	برایِ آنها
difficult	مُشکِل
enough	آنقَدر
that	که
also	هَمچِنین
relatives	بَستِگان
to get to know	آشِنا شَوَد (آشِنا شُدَن)
to promise	قول داده است (قول دادَن)
to accompany	هَمراهی کُنَد (هَمراهی کردَن)
to say	می گویَد (گُفتَن)
someday	روزی
customs	آداب و رُسوم
people	مَردُم

Words Related to the Exercises

neighbor	هَمسایه
better	بِهتَر
to get to know	بِشِناسَد (شِناختَن)
alone	به تَنهایی
friends	دوستان

Chapter 6

Passage

خانه ی ما کوچَک ست.

/ǩă.ne.ye- mă- ku.ča.kast/

خانه ی ما در آخَرِ یک کوچه ی بُن بَست قَرار دارد.

/ǩă.ne.ye- mă- dar- ă.ǩa.re- yek- ku.če.ye- bon.bast- ğa.răr- dă.rad/

خانه ی ما از هَمه ی خانه هایِ دیگرِ این کوچه کوچَک تَرست.

/ǩă.ne.ye- mă- az- ha.me.ye- ǩă.ne.hă.ye- di.ga.re- in- ku.če- ku.čak.ta.rast/

خانه ی ما حَیاط و باغچه ی قَشَنگی دارد.

/ǩă.ne.ye- mă- ha.yăt- va- băğ.če.ye- ğa.šan.gi- dă.rad/

باغچه ی ما پُر از گُل هایِ رَنگارَنگ و زیباست.

/băğ.če.ye- mă- por- az- gol.hă.ye- ran.gă.rang- va- zi.băst/

مریم دوست دارد در باغچه گُل هایِ تازه بِکارَد.

/mar.yam- dust- dă.rad- dar- băğ.če- gol.hă.ye- tă.ze- be.kă.rad/

مریم می گویَد گُل کاری بَرایَش بِسیار لِذَّت بَخش ست و به او آرامِش می دهد.

/mar.yam- mi.gu.yad- gol.kă.ri- ba.ră.yaš- bes.yăr- lez.zat.baǩ.šast- va- be- u- ă.ră.meš- mi.da.had/

مریم هَر روز گُل هایِ زَرد و سُرخ و سِفیدِ باغچه را آب می دهد.

/mar.yam- har- ruz- gol.hă.ye- zard- va- sorǩ- va- se.fi.de- băğ.če- ră- ăb- mi.da.had/

عَطرِ خوشِ گُل ها در اِیوانِ خانه می پیچَد.

/ʻat.re- ǩo.še- gol.hă- dar- ey.vă.ne- ǩă.ne- mi.pi.čad/

خانه ی کوچَکِ ما با باغچه ی پُر گُلَش، زیباتَرین خانه ی کوچه است.

/ǩă.ne.ye- ku.ča.ke- mă- bă- băğ.če.ye- por- go.laš- zi.bă.ta.rin- ǩă.ne.ye- ku.če- ast/

Exercises

6.1 Check ✓ True or False.

True / False

True	False	
☐	☐	۱- خانه ی مریم و دیوید آخَرین خانه ی کوچه است.
☐	☐	۲- حَیاطِ باغچه ی مریم و دیوید پُر از گُل است.
☐	☐	۳- خانه هایِ دیگرِ کوچه از خانه ی مریم و دیوید بُزُرگ تَرَند.
☐	☐	۴- مریم کار کردن در باغچه را دوست نَدارد.
☐	☐	۵- گُل کاشتَن در باغچه برایِ مریم لِذَّت بَخش نیست.
☐	☐	۶- مریم بایَد گُل هایِ باغچه را هَر هَفته آب بِدهد.
☐	☐	۷- خانه هایِ بُزُرگ تَرِ کوچه از خانه ی مریم و دیوید زیباتَرَند.
☐	☐	۸- عَطرِ گُل ها در ایوانِ خانه ی مریم و دیوید می پیچَد.
☐	☐	۹- کوچه ی مریم و دیوید بُن بَست است.

6.2 Complete the sentences by using one of the words below.

کار کردن - باغچه ی - دوست دارد - آرامِش - آب می دهد
خوشِ - گُل هایِ رَنگارَنگ - بُن بَست - بُزُرگ - مریم - کوچَک

۱- مریم ________ در باغچه گُل بِکارَد.

۲- خانه ی ما ________ است.

۳- باغچه ی ما پُر از ________ است.

۴- ________ در باغچه به مریم ________ می دهد.

۵- ________ هَر روز گُل هایِ باغچه را ________ .

۶- خانه ی ما در یک کوچه ی ________ قَرار دارد.

۷- خانه ی ما ________ قَشَنگی دارد.

۸- خانه هایِ دیگَرِ کوچه از خانه ی ما ________ تر هستند.

۹- عَطرِ ________ گُل ها در ایوانِ خانه می پیچَد.

6.3 Look at the picture and complete the sentence below.

مریم هَر روز _____ باغچه را _____ .

6.4 Unscramble the sentences and rewrite them in the space provided.

۱) قَرار دارد - خانه ی ما - کوچه ی بُن بَست - در آخَرِ - یِک

_____

۲) باغچه ی - دارد - قَشَنگی - خانه ی ما

_____

۳) دوست دارد - مریم - گُل بِکارَد - باغچه - در

_____

۴) آب می دهد - هَر روز - باغچه را - گُل هایِ - مریم

_____

۵) بُزُرگ تَر - خانه هایِ دیگَرِ - هستند - این کوچه - از خانه ی ما

_____

6.5 Complete the sentences with the correct words.

۱- مریم دوست دارد در باغچه ____________ بِکارَد.

دِرَختِ سیب بوته ی تَمِشک گُل هایِ تازه

۲- خانه ی ما ____________ این کوچه است.

در اَوَّلِ در آخَرِ در وَسَطِ

۳- حَیاطِ خانه ی ما ____________ دارد.

باغچه ای کوچَک نَرده هایِ سِفید دیوارهایِ بُلَند

۴- عَطرِ خوشِ ____________ در ایوانِ خانه می پیچَد.

کَباب نان گُل ها

۵- خانه ی ما از خانه هایِ دیگَرِ این کوچه ____________ است.

بُزُرگ تر قَدیمی تر زیباتر

VOCABULARY

Words Related to the Passage

at the end	در آخَرِ
a, one	یک
dead-end	بُن بَست
to be	قَرار دارَد (قَرار داشتَن)
than	*از
all	هَمه
other	دیگر
yard	حَیاط
small garden	باغچه
gorgeous	قَشَنگ
full of	پُر از
flower	گُل
colorful	رَنگارَنگ
beautiful	زیبا
fresh and new	تازه
to plant	بِکارَد (کاشتَن)
planting flowers	گُلکاری
very	بِسیار
enjoyable	لِذَّت بَخش
to relax	آرامِش می دَهَد (آرامِش دادَن)
yellow	زَرد
red, crimson	سُرخ
white	سِفید
to water	آب می دَهَد (آب دادَن)
aroma, fragrance	عَطر
pleasant	خوش
porch, balcony	ایوان
to spread	می پیچَد (پیچیدَن)
most beautiful	زیباتَرین

* also: from

Words Related to the Exercises

to work	کار کردَن
apple tree	دِرَختِ سیب
berry bush	بوته ی تَمِشک
in the beginning	در اوَّل
in the middle	در وَسَطِ
fence	نَرده
tall	بُلَند
kebab	کباب
bread	نان
bigger	بُزُرگ تَر
older	قَدیمی تَر
more beautiful	زیباتَر

Chapter 7

Passage

امروز، روزِ تَوَلُّدِ مریم است.

/em.ruz- ru.ze- ta.val.lo.de- mar.yam- ast/

دیوید چَند نَفَر از دوستانِ شان را برایِ شام دَعوَت کرده است.

/dey.vid- čand- na.far- az- dus.tă.ne.šăn- ră- ba.ră.ye- šăm- da′.vat- kar.de- ast/

مریم خَبَر ندارد و حَتماً غافلگیر خواهد شد!

/mar.yam- ǩa.bar- na.dă.rad- va- hat.man- ğă.fel.gir- ǩă.had- šod/

دیوید تَصمیم گرفته است غَذاهایِ مِهمانی را خودَش دُرُست کند.

/dey.vid- tas.mim- ge.ref.te- ast- ğa.ză.hă.ye- meh.mă.ni- ră- ǩo.daš- do.rost- ko.nad/

تا مریم از خانه بیرون می رود، دیوید شُروع به کار می کند.

/tă- mar.yam- az- ǩă.ne- bi.run- mi.ra.vad- dey.vid- šo.ru′ - be- kăr- mi.ko.nad/

دیوید می خواهد ساندویچِ مُرغ و سالادِ سیب زَمینی دُرُست کند.

/dey.vid- mi.ǩă.had- săn.de.vi.če- morğ- va- să.lă.de- sib.za.mi.ni- do.rost- ko.nad/

دیوید چیپس، پَنیر، نوشابه، اَنگور و توت فَرَنگی هَم خَریده است.

/dey.vid- čips- pa.nir- nu.šă.be- an.gur- va- tut.fa.ran.gi- ham- ǩa.ri.de- ast/

یِکی از دوستانِ دیوید قول داده است برایِ مریم کِیکِ تَوَلُّد بِپَزَد.

/ye.ki- az- dus.tă.ne- dey.vid- ğol- dă.de- ast- ba.ră.ye- mar.yam- key.ke- ta.val.lod- be.pa.zad/

مریم کِیکِ شُکُلاتی را از هَمه بیشتر دوست دارد.

/mar.yam- key.ke- šo.ko.lă.ti- ră- az- hame- biš.tar- dust- dă.rad/

دیوید خوراکی ها، نوشیدَنی ها و میوه ها را رویِ میز می چینَد.

/dey.vid- ǩo.ră.ki.hă- nu.ši.da.ni.hă- va- mi.ve.hă- ră- ru.ye- miz- mi.či.nad/

بعد خانه را تَمیز می کند، حَیاط را جارو می زَنَد و گُل هایِ باغچه را آب می دهد.

/ba′ d- ǩă.ne- ră- ta.miz- mi.ko.nad- ha.yăt- ră- jă.ru- mi.za.nad- va- gol.hă.ye- băğ.če- ră- ăb- mi.da.had/

دیوید اُمیدوارَست بتواند قَبل از بَرگَشتَنِ مریم همه چیز را آماده کند!

/dey.vid- o.mid.vă.rast- be.ta.vă.nad- ğabl- az- bar.gaš.ta.ne- mar.yam- ha.me- čiz- ră- ă.mă.de- ko.nad/

Exercises

7.1 Check ✓ True or False.

True / False

True	False	
☐	☐	۱- مریم دوستانَش را برایِ تَوَلُّدَش دَعوَت کرده است.
☐	☐	۲- دیوید می خواهد برایِ مِهمانی، ساندِویچِ مُرغ دُرُست کند.
☐	☐	۳- دیوید می خواهد برایِ تَوَلُّدِ مریم کِیکِ شُکُلاتی بِپَزَد.
☐	☐	۴- مریم از دیدنِ دوستانِ شان غافلگیر خواهد شد.
☐	☐	۵- دیوید چیپس و نوشابه و میوه خَریده است.
☐	☐	۶- مریم در آماده کردنِ شام به دیوید کُمَک می کند.
☐	☐	۷- دیوید می خواهد حیاطِ خانه را جارو بِزَنَد.
☐	☐	۸- کِیکِ مَحبوبِ دیوید، کِیکِ شُکُلاتی است.
☐	☐	۹- دیوید می خواهد خودَش آشپَزی کند.

7.2 Complete the sentences by using one of the words below.

تَصمیم گرفته است - غافِلگیر - دُرُست کند - اُمیدوارَست
خانه - دیوید - اِمروز - دوستانِ شان - ندارد - شُکُلاتی

۱- ________ روزِ تَوَلُّدِ مریم است.

۲- دیوید چَند نَفَر از ________ را برایِ شام دَعوَت کرده است.

۳- دیوید ________ غَذاهای مِهمانی را خودَش ________ .

۴- ________ چیپس، پَنیر، میوه و نوشابه خَریده است.

۵- دیوید ________ قَبل از بَرگشتَنِ مریم، هَمه چیز را آماده کند.

۶- مریم خَبَر ________ .

۷- مریم ________ خواهد شد.

۸- دیوید ________ را تَمیز می کند.

۹- مریم کِیکِ ________ را از همه بیشتر دوست دارد.

7.3 Look at the picture and complete the sentence below.

دیوید توت فَرَنگی و _____ هَم خَریده است.

7.4 Unscramble the sentences and rewrite them in the space provided.

۱- دوستانِ شان را - دیوید - دَعوَت کرده است - شام - برایِ

۲- مریم - تَوَلُّدِ - روزِ - اِمروز - است

۳- دیوید - ساندِویچِ - دُرُست کند - می خواهد - مُرغ

۴- کیکِ تَوَلُّد - برایِ مریم - دوستِ دیوید - قول داده است - بِپَزَد.

۵- حیاط را - جارو می زند - دیوید

7.5 Complete the sentences with the correct words.

۱- دیوید می خواهد ساندِویچِ مُرغ و ____________ دُرُست کند.

چیپس　　　سالادِ سیب زَمینی　　　لازانیا

۲- دیوید __________ از دوستانِ شان را برایِ شام دَعوَت کرده است.

چَند نَفَر　　　ده نَفَر　　　یِکی

۳- تا مریم از __________ بیرون می رود، دیوید شُروع به کار می کند.

دانِشگاه　　　کِلاس　　　خانه

۴- دیوید ______________ تَمیز می کند.

خانه را　　　کَفش ها را　　　ظَرف ها را

۵- دیوید ___________ هَم خَریده است.

اَنگور و ماست　　　پُفَک و چیپس　　　توت فَرَنگی و اَنگور

7.6 Look at the picture and complete the sentence below.

دیوید ـــــــــــــــــــ را جارو می زند.

7.7 Translate these sentences into Persian.

1- Today is Maryam's birthday.

_____

2- Maryam will be surprised.

_____

3- David wants to make potato salad.

_____

4- David has bought potato chips and cheese.

_____

5- Maryam likes chocolate cake.

_____

VOCABULARY

Words Related to the Passage

today	اِمروز
birthday	روزِ تَوَلُّد
a few [people]	چَند نَفَر
dinner	شام
to invite	دَعوَت کرده است (دَعوَت کردَن)
not to know	خَبَر نَدارَد (خَبَر نَداشتَن)
definitely	حَتماً
to be surprised	غافلگیر خواهَد شُد (غافلگیر شُدَن)
to decide	تَصمیم گِرفته است (تَصمیم گِرفتَن)
food	غَذا
party	مِهمانی
himself/herself	خودَش
to make	دُرُست کُنَد (دُرُست کردَن)
when, as soon as	تا
to leave	بیرون می رَوَد (بیرون رَفتَن)
to start to work	شُروع به کار می کُنَد (شُروع به کار کردَن)
chicken sandwich	ساندویچِ مُرغ
potato salad	سالادِ سیب زَمینی
potato chips	چیپس
cheese	پَنیر
soda	نوشابه
grapes	اَنگور
strawberry	توت فَرَنگی
birthday cake	کیکِ تَوَلُّد
to bake, to cook	بِپَزَد (پُختَن)
chocolate	شُکُلاتی

snack	خوراکی
beverage	نوشیدَنی
fruit	میوه
shoes	کفش ها
to set, to arrange	*می چینَد (چیدَن)
then	بَعد
to clean	تَمیز می کُنَد (تَمیز کردَن)
to sweep	جارو می زَنَد (جارو زَدَن)
hopeful	اُمیدوار
before	قَبل از
to return	بَرگَشتَن
to prepare	آماده کُند (آماده کردَن)

* also, to cut

Words Related to the Exercises

to help	کُمَک می کُنَد (کُمَک کردَن)
favorite	مَحبوب
to cook	آشپَزی کُنَد (آشپَزی کردَن)
lasagna	لازانیا
dishes	ظَرف ها
yogurt	ماست
cheese ball, cheese curls	پُفَک

Chapter 8

Passage

اینِ مریم است. مریم در مَطَبِ یک دُکترِ گوش و حَلق و بینی، مُنشی است.

/in- mar.yam- ast- mar.yam- dar- ma.ta.be- yek- dok.to.re- guš- va- halğ- va- bi.ni- mon.ši- ast/

مریم به دو زبانِ انگلیسی و فارسی مُسَلَّط است؛ بَنابَراین می تواند با بیمارانِ ایرانی به زبانِ فارسی صُحبَت کند.

/mar.yam- be- do- za.bă.ne- en.gi.li.si- va- făr.si- mo.sal.lat- ast- ba.nă.bar.in- mi.ta.vă.nad- bă- bi.mă.ră.ne- i.ră.ni- be- za.bă.ne- făr.si- soh.bat- ko.nad/

مَطَبِ دُکتُر هَمیشه شُلوغ ست و اُتاقِ انتظارِ آن پُر از بیمارست.

/ma.ta.be- dok.tor- ha.mi.še- šo.lu.ğast- va- o.tă.ğe- en.te.ză.re- ăn- por- az- bi.mă.rast/

مریم با خوشرویی به تلفُن ها جَواب می دهد و برایِ بیماران وَقت تَعیین می کند.

/mar.yam- bă- ǩoš.ru.yi- be- te.le.fon.hă- ja.văb- mi.da.had- va- ba.ră.ye- bi.mă.răn- vağt- ta'.yin- mi.ko.nad/

تَمامِ کارهایِ دَفتَریِ مَطَب هم به عُهده ی مریم است.

/ta.mă.me- kăr.hă.ye- daf.ta.ri.ye- ma.tab- be- 'oh.de.ye- mar.yam- ast/

مریم چَهار روز در هَفته از ساعَتِ نُهِ صُبح تا ساعَتِ پَنجِ بَعد از ظُهر در مَطَبِ دُکتُر کار می کند.

/mar.yam- ča.hăr- ruz- dar- haf.te- az- să.'a.te- no.he- sobh- tă- să.'a.te- pan.je- ba' d.az.zohr- dar- ma.ta.be- dok.tor- kăr- mi.ko.nad/

مریم از کارَش راضی ست، اَمّا آرِزویَش این ست که روزی یک مَغازه ی گُل فُروشی باز کند.

/mar.yam- az- kă.raš- ră.zist- am.mă- ă.re.zu.yaš- i.nast- ke- ru.zi- yek- ma.ğă.ze.ye- gol.fo.ru.ši- băz- ko.nad/

مریم عاشقِ گُل و گیاه است و وَقتِ آزادَش را با گُلکاری در باغچه ی خانه اش می گُذَرانَد.

/mar.yam- 'ă.še.ğe- gol- va- gi.yăh- ast- va- vağ.te- ă.ză.daš- ră- bă- gol.kă.ri- dar- băğ.če.ye- ǩă.ne.aš- mi.go.za.ră.nad/

باغچه ی خانه ی مریم کوچک، اَمّا پُر از گُل هایِ رَنگارَنگ زیباست!

/băğ.če.ye- ǩă.ne.ye- mar.yam- ku.čak- am.mă- por- az- gol.hă.ye- ran.gă.ran.ge- zi.băst/

Exercises

8.1 Check ✓ True or False.

True / False

☐ ☐ ۱- مریم دُکترِ گوش و حَلق و بینی است.

☐ ☐ ۲- مریم تَمامِ کارهایِ دَفتَریِ مَطَب را اَنجام می دهد.

☐ ☐ ۳- مریم با بیمارانِ ایرانی به زبانِ فارسی حَرف نِمی زند.

☐ ☐ ۴- مریم از ساعَتِ دَهِ صُبح تا ساعَتِ پَنجِ بَعد از ظُهر کار می کند.

☐ ☐ ۵- مریم برایِ بیماران وَقت تَعیین می کند.

☐ ☐ ۶- مریم یک مَغازه ی گُل فُروشی دارد.

☐ ☐ ۷- مریم دوست دارد گُلکاری کند.

☐ ☐ ۸- مریم به دو زبانِ انگلیسی و فارسی مُسَلَّط است.

☐ ☐ ۹- مریم در یک آپارتمانِ بُزُرگ زندگی می کند.

8.2 Complete the sentences by using one of the words below.

مُنشیِ - هَمیشه - دَفتَریِ - راضی - ایرانی - دوست دارد
مَطَبِ - گُلکاری - حَرف بزند - رَنگارَنگ - گُل و گیاه

۱- مریم در _____ یک دُکتُر کار می کند.

۲- مَطَبِ دُکتُر _____ شُلوغ ست.

۳- مریم می تواند با بیمارانِ _____ به زبانِ فارسی _____ .

۴- مریم _____ وَقتِ آزادَش را _____ کند.

۵- مریم عاشِقِ _____ است.

۶- مریم _____ خوشرویی است.

۷- باغچه ی خانه ی مریم پُر از گُل های _____ است.

۸- کارهایِ _____ مَطَب به عُهده ی مریم است.

۹- مریم از کارَش _____ است.

8.3 Look at the picture and complete the sentence below.

مَطَبِ دُكتُر هَميشه ‗‗‗‗‗‗‗‗ است.

8.4 Unscramble the sentences and rewrite them in the space provided.

۱- مُنشیِ - یک دُکتُرِ - مریم - است - گوش و حَلق و بینی

۲- مریم - فارسی - به دو زبانِ - اِنگِلیسی - است - و - مُسَلَّط

۳- صُحبَت کند - با - بیمارانِ ایرانی- مریم - به زبانِ فارسی - می تواند

۴- آرِزو دارد - روزی - مریم - گُل فُروشی- یک مَغازه ی- باز کند

۵- هَمیشه - مَطَبِ - شُلوغ - دُکتُر - است

8.5 Complete the sentences with the correct words.

۱- مریم هَر روز __________ به تِلِفن ها جَواب می دهد.

با دِقَّت　　　با بی حوصِلِگی　　　با خوشرویی

۲- مریم در مَطَبِ یک دُکتُرِ گوش و ________ و بینی کار می کند.

چَشم　　　حَلق　　　زَبان

۳- اُتاقِ اِنتِظارِ مَطَبِ دُکتُر __________ پُر از بیمار است.

گاهی　　　به ندرت　　　همیشه

۴- مریم از کارَش __________ است.

خَسته　　　ناراضی　　　راضی

۵- مریم آرِزو دارد __________ یک مَغازه ی گُل فُروشی باز کند.

روزی　　　فَردا　　　هَفته ی دیگر

VOCABULARY

Words Related to the Passage

doctor's office	مَطَب
doctor	دُکتُر
ear	گوش
throat	حَلق
nose	بینی
secretary	مُنشی
fluent	مُسَلَّط
therefore	بَنابَراین
patients	بیماران
crowded	شُلوغ
waiting room	اُتاقِ اِنتِظار
cheerfully	با خوشرویی
to answer	جَواب می دَهَد (جَواب دادَن)
to set up appointments	وَقت تَعیین می کُنَد (وَقت تَعیین کردَن)
all	تَمام
office work	کارهای دَفتَری
to be in charge of	به عُهده ی ... بودن
four	چَهار
hour	ساعَت
nine	نُه
morning	صُبح
five	پَنج
afternoon	بَعد از ظُهر
satisfied, happy	راضی
wish	آرِزو
flower shop	مَغازه ی گل فروشی

to open	باز کُنَد (باز کردَن)
to be in love with	عاشِقِ ... بودن
flowers and plants	گُل و گیاه
free time	وَقتِ آزاد
to spend	می گُذَرانَد (گُذَراندَن)

Words Related to the Exercises

carefully	با دِقَّت
impatiently	با بی حوصِلِگی
eye	چَشم
rarely	به نُدرَت
tired	خَسته
unhappy	ناراضی
tomorrow	فَردا
next week	هَفته ی دیگر

Chapter 9

Passage

پارسا دارد کِیک می پَزَد.

/păr.să- dă.rad- keyk- mi.pa.zad/

او در یک کاسه ی بزرگ، سه عَدَد تُخمِ مُرغ می شِکَنَد و با چَنگال می زند.

/u- dar- yek- kă.se.ye- bo.zorg- se- 'a.dad- toǩ.me.morğ- mi.še.ka.nad- va- bă- čan.găl- mi.za.nad/

بَعد به آن چهار پِیمانه آرد، پنج پِیمانه شِکَر، دو لیوان شیر، یک لیوان و نیم روغَن و ده قاشُق پودرِ کاکائو اِضافه می کند و هَم می زند.

/ba' d- be- ăn- ča.hăr- pey.mă.ne- ărd- panj- pey.mă.ne- še.kar- do- li.văn- šir- yek- li.vă.no- nim- ro.ğan- va-dah- ğă.šoğ- pud.re- kă.kă.' u- e.ză.fe- mi.ko.nad- va- ham- mi.za.nad/

وَقتی هَمه چیز خوب با هَم مَخلوط شد، مایه ی کِیک را در قالِب می ریزَد و داخِلِ فِر می گُذارَد.

/vağ.ti- ha.me- čiz- ǩub- bă- ham- maǩ.lut- šod- mă.ye.ye- keyk- ră- dar- ğă.leb- mi.ri.zad- va- dă.ǩe.le- fer-mi.go.ză.rad/

بَعد از چِهِل و پَنج دَقیقه، کِیک را از فِر بیرون می آوَرَد و آن را سه ساعَت در یَخچال می گُذارَد تا خُنَک شود.

/ba' d- az- če.he.lo- panj- da.ği.ğe- keyk- ră- az- fer- bi.run- mi.ă.va.rad- va- ăn- ră- se- să.' at- dar- yaǩ.čăl-mi.go.ză.rad- tă- ǩo.nak- ša.vad/

وَقتی که کِیک خُنَک شد، پارسا دورِ کیک را با توت فَرَنگی تَزئین می کند.

/vağ.ti- ke- keyk- ǩo.nak- šod- păr.să- do.re- keyk- ră- bă- tut.fa.ran.gi- taz.' in- mi.ko.nad/

پارسا رویِ کِیک با خامه ی سِفید می نِویسَد: مریم، تَوَلُّدَت مُبارَک!

/păr.să- ru.ye- keyk- bă- ǩă.me.ye- se.fid- mi.ne.vi.sad- mar.yam- ta.val.lo.dat- mo.bă.rak/

پارسا خوشحال است که می تَوانَد این جُمله را به فارسی بِنِویسَد!

/păr.să- ǩoš.hăl- ast- ke- mi.ta.vă.nad- in- jom.le- ră- be- făr.si- be.ne.vi.sad/

Exercises

9.1 Check ✓ True or False.

True / False

☐ ☐ ۱- مریم دارد برایِ پارسا کیک می پَزَد.

☐ ☐ ۲- پارسا به کیک آب پُرتِقال اِضافه می کند.

☐ ☐ ۳- پارسا دارد یک کیکِ شُکُلاتی می پَزَد.

☐ ☐ ۴- پارسا دورِ کیک را با توت فَرَنگی تَزئین می کند.

☐ ☐ ۵- پارسا کیک را در یَخچال می گُذارَد تا خُنَک شود.

☐ ☐ ۶- پارسا رویِ کیک با خامه می نویسد: دیوید، تَوَلُّدَت مُبارَک!

☐ ☐ ۷- پارسا برایِ مریم کیکَ وانیلی می پَزَد.

☐ ☐ ۸- پارسا در مایه ی کیک شیر می ریزَد.

☐ ☐ ۹- پارسا مایه ی کیک را چِهِل و پَنج دَقیقه در فِر می گُذارَد.

9.2 Complete the sentences by using one of the words below.

خامه ی سِفید - کاسه ی - مُبارَک - یَخچال - برایِ - قالِب
شُکُلاتی - بیرون می آوَرَد - توت فَرَنگی - می زند

۱- پارسا دارد __________ مریم کیکِ تَوَلُّد می پَزَد.

۲- پارسا در یک __________ بُزُرگ، تُخمِ مُرغ، آرد و شِکَر را با هَم مَخلوط می کند.

۳- کیکی که پارسا دارد می پَزَد، __________ است.

۴- بَعد از چِهِل و پَنج دَقیقه، پارسا کِیک را از فِر __________ .

۵- پارسا کِیک را در __________ می گُذارَد تا خُنَک شود.

۶- پارسا دورِ کِیک را با __________ تَزئین می کند.

۷- پارسا رویِ کِیک با __________ می نِویسَد: مریم، تَوَلُّدَت __________!

۸- پارسا مایه ی کِیک را در __________ می ریزَد.

۹- پارسا تُخمِ مُرغ ها را با چَنگال __________ .

9.3 Look at the picture and complete the sentence below.

پارسا کِیک را با خامه _____ .

9.4 Unscramble the sentences and rewrite them in the space provided.

۱- کِیک - دارد - پارسا - یک - می پَزَد - شُکُلاتی

____

۲- توت فَرَنگی - با - دورِ کِیک را - تَزئین می کند - پارسا

____

۳- مایه ی کِیک - بپَزَد - در فِر - چِهِل و پَنج دَقیقه - بایَد

____

۴- تَخمِ مُرغ ها را - یِک کاسه ی بُزُرگ - در - می شِکَنَد - پارسا

____

۵- بایَد - خُنَک شود - کِیک - یَخچال - در

____

9.5 Complete the sentences with the correct words.

۱- پارسا کِیک را سه __________ در یَخچال می گُذارَد تا خُنَک شود.

روز　　　ساعَت　　　دَقیقه

۲- پارسا دارد کِیک __________ می پَزَد.

شُکُلاتی　　　لیمویی　　　وانیلی

۳- پارسا تُخمِ مُرغ ها را با __________ می زند.

قاشُق　　　چَنگال　　　قاشُق و چَنگال

۴- پارسا مایه ی کِیک را در __________ می ریزَد.

فِر　　　یَخچال　　　قالِب

۵- پارسا دورِ کِیک را با __________ تَزئین می کند.

خامه ی شُکُلاتی　　　توت فَرَنگی　　　توت فَرَنگی و پودرِ کاکائو

VOCABULARY

Words Related to the Passage

bowl	کاسه
three [number]	سه عَدَد
egg	تُخمِ مُرغ
to break	می شِکَنَد (شِکَستَن)
fork	چَنگال
to beat	می زَنَد (زَدَن)
measuring cup	پیمانه
flour	آرد
sugar	شِکَر
glass [cup]	لیوان
milk	شیر
half	نیم
spoon	قاشُق
coco powder	پودرِ کاکائو
to add	اضافه می کُنَد (اضافه کردَن)
to stir	هَم می زَنَد (هَم زَدَن)
when	وَقتی
everything	هَمه چیز
well	خوب
together	با هَم
to get mixed	مَخلوط شُد (مَخلوط شُدَن)
batter	مایه
mold	قالِب
to pour	می ریزَد (ریختَن)
forty five	چِهِل و پَنج
to take out	بیرون می آوَرَد (بیرون آوَردَن)
fridge	یَخچال
to cool down	خُنَک شَوَد (خُنَک شُدَن)
around of	دورِ
to decorate	تَزئین می کُنَد (تَزئین کردَن)
whipped cream	خامه
Happy Birthday [to you]!	تَوَلُّدَت مُبارَک!
happy	خوشحال
sentence	جُمله

Words Related to the Exercises

orange juice	آب پُرتِقال
vanilla	وانیلی
lemon	لیمویی

Chapter 10

Passage

امروز صُبح وَقتی از خواب بیدار شدم، سَرَم دَرد می کرد و گِلویَم می سوخت.

/em.ruz- sobh- vağ.ti- az- ǩăb- bi.dăr- šo.dam- sa.ram- dard- mi.kard- va- ge.lu.yam- mi.suǩt/

دَرَجه گُذاشتَم و دیدَم تَب دارم.

/da.ra.je- go.zăš.tam- va- di.dam- tab- dă.ram/

به مطبِ دکتر تِلِفُن زدم و وَقت گِرِفتَم.

/be- ma.ta.be- dok.tor- te.le.fon- za.dam- va- vağt- ge.ref.tam/

خانُمِ مُنشی ایرانی ست و ما گاهی با هَم فارسی حَرف می زنیم.

/ǩă.no.me- mon.ši- i.ră.nist- va- mă- gă.hi- bă- ham- făr.si- harf- mi.za.nim/

خانُمِ مُنشی گُفت که دکتر می تَوانَد من را امروز بِبینَد.

/ǩă.no.me- mon.ši- goft- ke- dok.tor- mi.ta.vă.nad- man- ră- em.ruz- be.bi.nad/

وَقتی به مطبِ دکتر رِسیدَم، دیدَم چَند نَفَر پیش از من در اُتاقِ انتظار نِشَسته اند.

/vağ.ti- be- ma.ta.be- dok.tor- re.si.dam- di.dam- čand- na.far- piš- az- man- dar- o.tă.ğe- en.te.zăr- ne.šas.te.and/

رویِ میز، مَجَلّه هایِ علمیِ جالبی چیده بودند.

/ru.ye- miz- ma.jal.le.hă.ye- ‘el.mi.ye- jă.le.bi- či.de- bu.dand/

یکی از آنها را بَرداشتَم و وَرَق زدم تا عاقِبَت، نوبَتِ من رِسید.

/ye.ki- az- ăn.hă- ră- bar.dăš.tam- va- va.rağ- za.dam- tă- ‘ă.ğe.bat- no.ba.te- man- re.sid/

آقایِ دکتر من را مُعایِنه کرد و گُفت که یک سَرماخوردِگیِ ساده است و اگر اِستراحَت کنم، زود خوب می شوم.

/ă.ğă.ye- dok.tor- man- ră- mo.‘ ă.ye.ne- kard- va- goft- ke- yek- sar.mă.ǩor.de.gi.ye- să.de- ast- va- a.gar- es.te.ră.hat- ko.nam- zud- ǩub- mi.ša.vam/

امّا من اِمروز فُرصَتِ اِستراحَت کردن ندارم.

/am.mă- man- em.ruz- as.lan- for.sa.te- es.te.ră.hat- kar.dan- na.dă.ram/

بایَد خودَم را زود به مَحَلِّ کارَم بِرِسانَم. من اُستادِ دانشگاه هستم.

/bă.yad- ǩo.dam- ră- zud- be- ma.hal.le- kă.ram- be.re.să.nam- man- os.tă.de- dă.neš.găh- has.tam/

Exercises

10.1 Check ✓ True or False.

True / False

True	False	
☐	☐	۱- اِمروز وَقتی بیدار شدم گوشَم دَرد می کرد و گِلویَم می سوخت.
☐	☐	۲- خانُمِ مُنشی بَرایَم دَرَجه گُذاشت و تَب داشتم.
☐	☐	۳- به مطبِ دکتر تِلِفُن زدم و وَقت گرفتم.
☐	☐	۴- دکتر من را مُعاینِه کرد و گُفت باید اِستِراحَت کنم.
☐	☐	۵- رویِ میزِ اَتاقِ اِنتِظار، مَجَلّه هایِ هُنَرِی جالِبی چیده بودند.
☐	☐	۶- من امروز فُرصَت ندارم اِستِراحَت کنم.
☐	☐	۷- بایَد خودَم را زود به مَحَلِّ کارَم بِرِسانَم.
☐	☐	۸- خانُمِ مُنشی ایرانی ست و ما هَمیشه با هم فارسی حَرف می زنیم.
☐	☐	۹- در مطبِ دکتر مَجبور شدم مُدَّتی مُنتَظِر بمانم تا نوبَتَم بِرِسَد.

10.2 Complete the sentences by using one of the words below.

> تِلفُن زدم - عاقِبَت - مُعاینه کرد - اِستِراحَت کنم - فارسی
> سَرَم - چیده بودند - اُستادِ - اِمروز - ایرانی

۱- اِمروز صُبح وَقتی بیدار شدم _____ دَرد می کرد.

۲- خانُمِ منشی _____ ست و می تواند _____ حَرف بزند.

۳- به مطبِ دُکتُر _____ و وَقت گرفتم.

۴- آقای دکتر من را _____ .

۵- من بایَد _____ تا زود خوب بشوم.

۶- من _____ دانشگاه هستم.

۷- روی میزِ اُتاقِ اِنتِظار، مَجَلّه های عِلمی جالبی _____ .

۸- خانُمِ مُنشی گُفت دکتر می تواند من را _____ ببینَد.

۹- من مُدَّتی مُنتَظِر نِشَستَم تا _____ نوبَتَم رِسید.

10.3 Look at the picture and complete the sentence below.

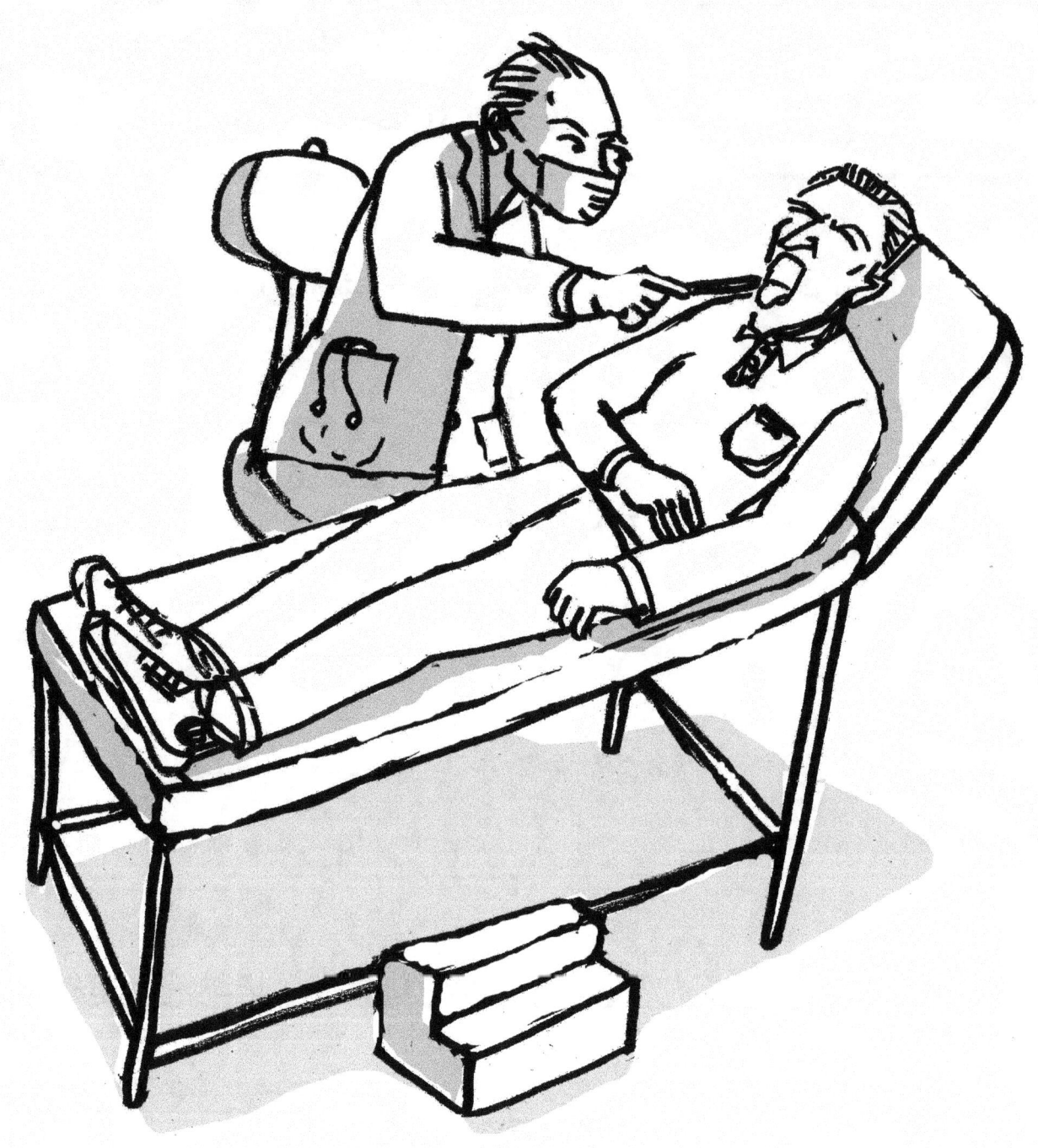

دکتر سام را _____ .

10.4 Unscramble the sentences and rewrite them in the space provided.

۱- وَقتی - سَرَم - دَرد می کرد - امروز صُبح - بیدار شدم

۲- تِلِفُن زدم - مطبِ دکتر - به - وَقت گرفتم - و

۳- خانُمِ مُنشی - حَرف می زَنیم - و - گاهی با هم - به زَبانِ فارسی - من

۴- من - وَرَق زدم - یکی از - بَرداشتَم - مَجَلّه ها را - و

۵- من باید - بِرِسانَم - دانِشگاه - به - خودَم را

10.5 Complete each sentence with the correct words.

۱- امروز صُبح وَقتی بیدار شدم، گِلویَم ______________ .

وَرَم داشت　　　　می خارید　　　　می سوخت

۲- به ______________ تِلِفُن زدم و وَقت گرفتم.

دانِشگاه　　　　خانه ی مادَرَم　　　　مَطَبِ دُکتُر

۳- وَقتی به مَطَبِ دکتر رسیدم، دیدم چَند نَفَر در اُتاقِ اِنتِظار ______________ .

نِشَسته اند　　　　خوابیده اند　　　　ایستاده اند

۴- آقایِ دکتر من را ______________ .

نَدید　　　　مُعاینه کرد　　　　نَشِناخت

۵- من امروز ______________ اِستِراحَت کردن ندارم.

عَلاقه ی　　　　قُدرَتِ　　　　فُرصَتِ

VOCABULARY

Words Related to the Passage

to wake up	از خواب بیدار شدم (از خواب بیدار شدن)
head	سَر
to hurt	دَرد می کرد (دَرد کردن)
throat	گلو
to burn	می سوخت (سوختَن)
to take one's temperature with the thermometer	دَرَجه گُذاشتَم (دَرَجه گُذاشتَن)
to see	دیدَم (دیدن)
fever	تَب
to call	تلفُن زَدَم (تلفُن زَدَن)
to make an appointment	وَقت گرفتَم (وَقت گرفتَن)
secretary (female)	خانُمِ مُنشی
to sit	نِشَسته اند (نِشَستَن)
magazine	مَجَلّه
scientific	عِلمی
interesting	جالِب
to put, to place	چیده بودَند (چیدَن)
to pick up	بَرداشتَم (بَرداشتَن)
to turn pages	وَرَق زَدَم (وَرَق زَدَن)
at last, finally	عاقبَت
turn	نوبَت
doctor (male)	آقای دُکتُر

to examine	مُعایِنه کرد (مُعایِنه کردَن)
cold [disease]	سرماخوردِگی
simple	ساده
to rest	استِراحَت کُنَم (استِراحَت کردَن)
fast	زود
time	فُرصَت
work place	مَحَلّ کار
to get somewhere	بِرِسانَم (رِساندَن)
professor	اُستاد

Words Related to the Exercises

artistic	هُنَری
for a while	مُدَّتی
to wait	مُنتَظِر بمانَم (مُنتَظِر ماندَن)
to be swollen	وَرَم داشت (وَرَم داشتَن)
to itch	می خارید (خاریدن)
nurse (female)	خانُمِ پَرَستار
to sleep	خوابیده اند (خوابیدَن)
not to see	نَدید (نَدیدَن)
not to recognize	نَشناخت (نَشناختَن)
power, energy	قُدرَت

Chapter 11

Passage

اسمِ من الیزابِت است.

/es.me- man- e.li.ză.bet- ast/

مَردی که اینجا رویِ نیمکت کِنارِ من نِشَسته است، شوهَرَم، پَرویز است.

/mar.di- ke- in.jă- ru.ye- nim.kat- ke.nă.re- man- ne.šas.te- ast- šo.ha.ram- par.viz- ast/

ما در فُرودگاهِ لوس آنجلس هستیم و می خواهیم به نیویورک برویم.

/mă- dar- fo.rud.gă.he- los.ăn.je.les- has.tim- va- mi.ǩă.him- be- ni.yo.york- be.ra.vim/

هَواپیمایِ ما قَرار بود ساعتِ یک بَعد از ظُهر بُلَند شود.

/ha.vă.pey.mă.ye- mă- ğa.răr- bud- să.ʻa.te- ye.ke- baʻd.az.zohr- bo.land- ša.vad/

اَلآن ساعتِ سه و نیمِ بَعد از ظُهرست، امّا ما هَنوز سَوارِ هَواپیما نشده ایم.

/al.ăn- să.ʻa.te- se.vo- ni.me- baʻd.az.zoh.rast- am.mă- mă- ha.nuz- sa.vă.re- ha.vă.pey.mă- na.šo.de.im/

بنَظَر می رسد که پَروازِ ما خیلی تأخیر داشته باشد.

/be.na.zar- mi.re.sad- ke- par.vă.ze- mă- ǩey.li- taʻ.ǩir- dăš.te- bă.šad/

من مَعمولاً دو سه بار در سال برایِ دیدنِ پِسَرَم، پارسا به نیویورک پَرواز می کنم.

/man- maʻ.mu.lan- do- se- băr- dar- săl- ba.ră.ye- di.da.ne- pe.sa.ram- păr.să- be- ni.yo.york- par.văz- mi.ko.nam/

پَروازِ لوس آنجِلس به نیویورک اُصولاً طولانی ست و اگر پَرواز مُستَقیم باشد و هیچ تَوَقُّفی نداشته باشد، هَفت ساعت طول می کشد.

/par.vă.ze- los.ăn.je.les- be- ni.yo.york- o.su.lan- tu.lă.nist- va- a.gar- par.văz- mos.ta.ğim- bă.šad- va- hič- ta.vağ.ğo.fi- na.dăš.te- bă.šad- haft- să.ʻat- tul- mi.ke.šad/

اینجا، داخلِ سالنِ فُرودگاه، هَوا گرم ست و نیمکت ها هم راحَت نیستند.

/in.jă- dă.ǩe.le- să.lo.ne- fo.rud.găh- ha.vă- gar.mast- va- nim.kat.hă- ham- as.lan- ră.hat- nis.tand/

پَرویز خَسته شده است و از اینکه پَروازمان اینهَمه تأخیردارد اوقاتَش تَلخ است!

/par.viz- ǩas.te- šo.de- ast- va- az- in.ke- par.vă.ze.măn- in.ha.me- taʻ.ǩir- dă.rad- o.ğă.taš- talǩ- ast/

به او می گویم بِهترست از جایَش بُلَند شود و کمی قَدَم بزند تا خَستَگی اش دَر برود.

/be- u- mi.gu.yam- beh.ta.rast- az- jă.yaš- bo.land- ša.vad- va- ka.mi- ğa.dam- be.za.nad- tă- ǩas.te.gi.yaš- dar- be.ra.vad/

پَرویز می گوید تَرجیح می دهد نِشَسته چُرت بزند!

/par.viz- mi.gu.yad- tar.jih- mi.da.had- ne.šas.te- čort- be.za.nad/

Exercises

۱۱.۱ Check ✓ True or False.

True / False

☐ ☐ ۱- اِلیزابِت می خواهد از نیویورک به لوس آنجِلس برود.

☐ ☐ ۲- پَروازِ اِلیزابِت و شوهَرَش مُستَقیم است و تأخیر ندارد.

☐ ☐ ۳- اِلیزابِت دو سه بار در سال به نیویورک پَرواز می کند.

☐ ☐ ۴- پارسا کِنارِ اِلیزابِت رویِ نیمکت نِشَسته است.

☐ ☐ ۵- پَرویز تَرجیح می دهد در سالُنِ فُرودگاه قَدَم بزند.

☐ ☐ ۶- سالُنِ فُرودگاه سَرد است و نیمکت ها راحَت نیستند.

☐ ☐ ۷- اِلیزابِت اوقاتَش تَلخ است.

☐ ☐ ۸- پَروازَ مُستَقیم از لوس آنجِلس به نیویورک هَفت ساعت است.

☐ ☐ ۹- اِلیزابِت و پَرویز ساعتِ سه و نیمِ صُبح سَوارِ هَواپیما شدند.

11.2 Complete the sentences by using one of the words below.

نیویورک - زندگی می کند - کنارِ - سال - بَعد از ظُهر - نشَسته سالُنِ - تأخیر - نیمکت هایِ - لوس آنجِلِس

۱- پَرویز ________ اِلیزابِت نشَسته است.

۲- ________ فُرودگاه لوس آنجِلِس گرم است.

۳- هَواپیمایِ اِلیزابِت و پَرویز قَرار بود ساعَتِ یک ________ بُلَند شود.

۴- پَروازِ اِلیزابِت و شوهَرَش ________ دارد.

۵- پرویز می خواهد ________ چرت بزند.

۶- ________ سالُن فَرودگاه راحَت نیستند.

۷- اَلیزابِت دو سه بار در ________ به نیویورک می رود.

۸- پِسَرِ اِلیزابِت و پَرویز در نیویورک ________ .

۹- پَروازِ مُستَقیم از ________ به ________ هَفت ساعَت طول می کِشَد.

11.3 Look at the picture and complete the sentence below.

پرویز ـــــــــــــــ نشسته ـــــــــــــــ بزند.

11.4 Unscramble the sentences and rewrite them in the space provided.

۱) کنارِ من - شوهَرَم - رویِ - نِشَسته است - نیمکت

____

۲) لوس آنجِلِس - اینجا - است - فُرودگاهِ

____

۳) پَروازِ ما - تأخیر- نیویورک - به - دارد

____

۴) خَسته - پَرویز - شده است - اوقاتَش - تَلخ است - و

____

۵) پَروازِ مُستَقیم - نیویورک - از - لوس آنجِلِس - به - هَفت ساعت - است

____

11.5 Complete each sentence with the correct words.

۱- شوهَرَم کِنارِ من، رویِ ______________ نشَسته است.

زَمین　　　چَمِدان　　　نیمکت

۲- ما داریم از لوس آنجِلِس به نیویورک ______________ .

قَدَم می زنیم　　　پَرواز می کنیم　　　شِنا می کنیم

۳- هَواپیمایِ ما قَرار بود ساعتِ یکِ بَعد از ظُهر ______________ .

بِنشیند　　　بایستد　　　بُلَند شود

۴- من چَند بار در سال برایِ ______________ پسرم به نیویورک می روم .

شِناختنِ　　　دیدنِ　　　آشِنا شُدَن

۵- پَروازِ لوس آنجِلِس به نیویورک ______________ .

طولانی ست　　　کوتاه است　　　طولانی نیست

VOCABULARY

Words Related to the Passage

man	مَرد
here	اینجا
bench	نیمکت
next to	کِنارِ
husband	شوهَر
airport	فُرودگاه
airplane	هَواپیما
to be supposed to	قَرار بود (قَرار بودَن)
to take off	بُلَند شَوَد (بُلَند شُدَن)
now	الآن
yet	هَنوز
to board	سَوار نَشُده ایم (سَوار شُدَن)
to seem	بِنَظَر می رِسَد (بِنَظَر رِسیدَن)
flight	پَرواز
to be delayed	تأخیر داشته باشَد (تأخیر داشتَن)
usually	مَعمولاً
basically	اُصولاً
long	طولانی
direct	مُستَقیم
nothing	هیچ
stop	تَوَقُّف
to take a long time	طول می کِشَد (طول کِشیدَن)
inside	داخِل
salon	سالُن
air	هَوا

warm	گرم
comfortable	راحت
this much	اینهمه
to be upset	اوقاتَش تَلخ است (اوقات تَلخ بودن)
to get up	از جایَش بُلَند شَوَد (از جا بُلَند شُدَن)
to walk	قَدَم بِزَنَد (قَدَم زَدَن)
to relax, to unwind	خَستِگی اش دَر بِرَوَد (خَستِگی دَر رَفتَن)
to prefer	تَرجیح می دَهَد (تَرجیح دادَن)
to take a nap	چُرت بِزَنَد (چُرت زَدَن)

Words Related to the Exercises

cold	سَرد
floor	زَمین
luggage	چِمدان
to swim	شِنا می کُنیم (شِنا کردَن)
to get to know	شِناختَن
short	کوتاه

Chapter 12

Passage

اینِ خانُم و آقایِ مُسِن، خانُم و آقایِ سَلیمی هستند.

/in- ǩă.nom- va- ă.ğă.ye- mo.sen- ǩă.nom- va- ă.ğă.ye- sa.li.mi- has.tand/

تابِستانِ آیَنده، قَرارست پِسَرِشان پرویز و نَوه شان پارسا، از آمریکا به ایران بیایند.

/tă.bes.tă.ne- ă.yan.de- ğa.ră.rast- pe.sa.re.šăn- par.viz- va- na.ve.šăn- păr.să- az- ăm.ri.kă- be- i.răn- bi.yă.yand/

خانُم و آقایِ سَلیمی ده سالِ قَبل به آمریکا سفر کردند و یک ماه، پیشِ پِسَرِشان پرویز و خانواده ی او ماندَند.

/ǩă.nom- va- ă.ğă.ye- sa.li.mi- dah- să.le- ğabl- be- ăm.ri.kă- sa.far- kar.dand- va- yek- măh- pi.še- pe.sa.re.šăn- par.viz- va- ǩă.ne.vă.de.ye- u- măn.dand/

آقایِ سَلیمی زِمِستانِ گُذَشته، وَقتی داشت بَرف پارو می کرد، به زَمین اُفتاد و پایَش شکَست.

/ă.ğă.ye- sa.li.mi- ze.mes.tă.ne- go.zaš.te- vağ.ti- dăšt- barf- pă.ru- mi.kard- be- za.min- of.tăd- va- pă.yaš- še.kast/

از آن به بَعد، راه رفتن بَرایَش مُشکِل شده است و باید حَتماً با عَصا راه برود.

/az- ăn- be- ba'd- răh- raf.tan- ba.ră.yaš- moš.kel- šo.de- ast- va- bă.yad- hat.man- bă- 'a.să- răh- be.ra.vad/

خانُمِ سَلیمی هم همیشه کَمَرَش دَرد می کند و از پَروازِ طولانی خَسته می شود.

/ǩă.no.me- sa.li.mi- ham- ha.mi.še- ka.ma.raš- dard- mi.ko.nad- va- az- par.vă.ze- tu.lă.ni- ǩas.te- mi.ša.vad/

خانُم و آقایِ سَلیمی خیال دارند برایِ مُسافرهایشان، مهمانیِ بزرگی بدَهَند.

/ǩă.nom- va- ă.ğă.ye- sa.li.mi- ǩi.yăl- dă.rand- ba.ră.ye- mo.să.fer.hă.ye.šăn- meh.mă.ni.ye- bo.zor.gi- be.da.hand/

نَوه شان پارسا می تواند با پِسَرعَموها و دُختَر عَمّه هایَش آشنا شود.

/na.ve.šăn- păr.să- mi.ta.vă.nad- bă- pe.sar.'a.mu.hă- va- dok.tar.'am.me.hă.yaš- ă.še.nă- ša.vad/

آخَرین باری که پارسا به ایران آمده است، چَهار ساله بوده است.

/ă.ǩa.rin- bă.ri- ke- păr.să- be- i.răn- ă.ma.de- ast- ča.hăr- să.le- bu.de- ast/

پارسا احتمالاً از آن سفر چیزِ زیادی به خاطر ندارد.

/păr.să- eh.te.mă.lan- az- ăn- sa.far- či.ze- zi.yă.di- be- ǩă.ter- na.dă.rad/

Exercises

12.1 Check ✓ True or False.

True / False

☐ ☐ ۱- خانُم و آقایِ سَلیمی مُسِن هستند.

☐ ☐ ۲- پِسَرِ خانُم و آقایِ سَلیمی قَرارست سالِ آیَنده به ایران بیاید.

☐ ☐ ۳- زِمستانِ گُذَشته دَستِ خانُمِ سَلیمی شِکَست.

☐ ☐ ۴- راه رفتن برایِ پِسَرِ آقایِ سَلیمی مُشکِل است.

☐ ☐ ۵- کَمَرِ خانُمِ سَلیمی دَرد می کند.

☐ ☐ ۶- پَروازِ طولانی آقایِ سَلیمی را خَسته می کند.

☐ ☐ ۷- آخَرین باری که پارسا به ایران رفته است، دوساله بوده است.

☐ ☐ ۸- خانُم و آقایِ سَلیمی می خواهند برایِ نَوه شان مِهمانی بدهند.

☐ ☐ ۹- پارسا می تواند با پِسَرعَموها و دُختَرعَمّه هایَش آشِنا شود.

12.2 Complete the sentences by using one of the words below.

عَصا - به زَمین اُفتاد - پَرویز - مُسِن - طولانی
چهار ساله - ده سالِ - دَرد می کند - شِکَست - مِهمانی بدهند

۱- خانُم و آقایِ سَلیمی ________ هستند.

۲- اِسمِ پِسَرِ خانُم و آقایِ سَلیمی ________ است.

۳- خانُم و آقایِ سَلیمی ________ قَبل به آمریکا سفر کردند.

۴- آقایِ سلیمی زِمِستانِ گُذَشته ________ و پایَش ________.

۵- خانُم و آقایِ سَلیمی می خواهند برایِ پِسَر و نَوه شان ________.

۶- آقایِ سَلیمی باید با ________ راه برود.

۷- پروازِ ________ خانُمِ سَلیمی را خَسته می کند.

۸- کَمَرِ خانُمِ سَلیمی هَمیشه ________.

۹- آخرین باری که نَوه ی خانُم و آقایِ سَلیمی به ایران آمده است، ________ بوده است.

12.3 Look at the picture and complete the sentence below.

آقای سلیمی ـــــــ با ـــــــ راه برود.

12.4 Unscramble the sentences and rewrite them in the space provided.

۱) خواهند دید - خانُم و آقایِ سَلیمی - بَعد از سال ها - نَوه شان را

____

۲) سَفَر کردند - خانُم و آقایِ سَلیمی - به - آمریکا - ده سالِ قَبل

____

۳) مُشکِل - برایِ - آقایِ سلیمی - راه رفتن - است

____

۴) به خاطِر ندارد - پارسا - از - به ایران - آخَرین سفرش - چیزی

____

۵) می تواند - آشِنا شود - دُختَر عمّه ها و پِسَر عَموهایَش - با - پارسا

____

12.5 Complete each sentence with the correct words.

۱- آقایِ سَلیمی در __________ اُفتاد و پایَش شِکست.

دانِشگاه   پارک   بَرف

۲- پِسَرِ خانُم و آقایِ سَلیمی، با __________ به ایران سفر خواهد کرد.

پِسَرَش   هَمسَرَش   مادَرَش

۳- __________ خانُمِ سَلیمی هَمیشه دَرد می کند.

دَستِ   پایِ   کَمَرِ

۴- __________ برایِ آقایِ سَلیمی مُشکِل است.

نامه نِوِشتَن   راه رفتن   مِهمانی دادن

۵- خانُم و آقایِ سَلیمی __________ هستند.

مُسِن   نِگران   خَسته

VOCABULARY

Words Related to the Passage

old	مُسِن
grandchild	نَوه
month	ماه
family	خانِواده
to stay	ماندَند (ماندَن)
last winter	زِمِستانِ گُذَشته
snow	بَرف
to shovel	پارو می کرد (پارو کردَن)
to fall	به زَمین اُفتاد (به زَمین اُفتادَن)
leg	پا
to break	شِکست (شِکستَن)
since then	از آن به بَعد
difficult	مُشکِل
definitely	حَتماً
cane	عَصا
to walk	راه بِرَوَد (راه رَفتَن)
lower back	کَمَر
to have plans	خیال دارَند (خیال داشتَن)
visitor	مُسافِر
to throw a party	مِهمانی بِدَهَند (مِهمانی دادَن)
cousin, son of your father's brother	پِسَرِ عَمو
cousin, daughter of your father's sister	دُختَرِ عَمّه
last time	آخَرین بار

4-years-old	چهار ساله
probably	اِحتِمالاً
much	چیزِ زیادی
not to remember	به خاطِر نَدارَد (به خاطِر نَداشتَن)

Words Related to the Exercises

hand	دَست
park	پارک
to write a letter	نامه نِوِشتَن
worried	نِگَران

Answer Key to the Exercises

Exercise 1.1

۱- F　۲- T　۳- F　۴- T　۵- F　۶- F　۷- T　۸- F　۹- T

Exercise 1.2

۱- آمریکایی　۲- زندگی می کند　۳- فارسی　۴- نمی تواند　۵- دوست دارد

۶- پدرِ پارسا　۷- مادریِ　۸- به دنیا آمده است　۹- بخواند و بنویسد

Exercise 1.3

۱- مادرِ پارسا آمریکایی است.

۲- پارسا دوست دارد فارسی یاد بگیرد.

۳- پارسا با پدر و مادرش به زبان انگلیسی حرف می زند.

۴- پارسا فارسی بلد نیست.

۵- پارسا در آمریکا به دنیا آمده است.

Exercise 1.4

۱- نمی تواند　۲- فارسی　۳- ایرانی　۴- آمریکایی　۵- دوست دارد

Exercise 1.5

پارسا با پدر و مادرش به زبانِ انگلیسی حرف می زند.

Exercise 2.1

۱- F　۲- T　۳- F　۴- T　۵- T　۶- F　۷- F　۸- T　۹- F

Exercise 2.2

۱- ایرانی　۲- پزشک　۳- خانه ی　۴- زبانِ فارسی - زیست شناسی　۵- دوست دارد

۶- ایران　۷- همسر　۸- کوچک　۹- دیوید

Exercise 2.3

۱- دیوید و مریم یک خانه ی کوچک دارند.

۲- دیوید شوهرِ مریم است.

۳- دیوید دانشجوی رشته ی زیست شناسی است.

۴- دیوید دوست دارد فارسی یاد بگیرد.

۵- دیوید دوست دارد به ایران سفر کند.

Exercise 2.4

۱- حومه ی　۲- همسرِ　۳- دانشجویِ　۴- خانه ی　۵- می خواهد

Exercise 2.5

دیوید دوست دارد با مریَم به ایران سفر کند.

Exercise 3.1

۱- F　۲- T　۳- F　۴- T　۵- F　۶- F　۷- T　۸- T　۹- T

Exercise 3.2

۱- دور　۲- ندارد　۳- سَوار شود　۴- تُندتر　۵- کرایه ی

۶- پَس اَندارز کند　۷- پیاده برود　۸- گاهی　۹- اگر - دیر

Exercise 3.3

دیوید می خواهد پولَش را برایِ خریدنِ ماشین پس انداز کند.

Exercise 3.4

۱- اُتوبوس گاهی دیر می آید.

۲- دیوید نمی خواهد دیر به کلاس برسد.

۳- کرایه ی تاکسی از کرایه ی اُتوبوس بیشتر است.

۴- تاکسی تُندتر از اُتوبوس حَرکت می کند.

۵- دیوید می خواهَد پولَش را برایِ خریدنِ ماشین پَس اَنداز کند.

Exercise 3.5

۱- مریم و دیوید　۲- خانه　۳- دیر　۴- دیر　۵- تَوَقُّف نمی کند

Exercise 3.6

دیوید گاهی سوارِ تاکسی می شود.

Exercise 3.7

۱- دیوید ماشین ندارد.

۲- اُتوبوس گاهی دیر می آید.

۳- تاکسی تُندتر از اُتوبوس حَرکت می کند.

۴- کرایهِ تاکسی از کرایه ی اُتوبوس بیشتر است.

۵- دیوید می خواهَد پولَش را برایِ خریدنِ ماشین پَس اَنداز کند.

Exercise 4.1

۱- F　۲- F　۳- F　۴- T　۵- T　۶- T　۷- T　۸- F　۹- F

Exercise 4.2 ۱- اِدامه ی تَحصیل ۲- سیتی زِن ۳- بُزُرگ شده است ۴- زبانِ مادری ۵- دانشجویان ۶- اُستادِ ۷- ایرانی - هَم ۸- پایانِ ۹- اَدَبیاتِ
Exercise 4.3 ۱- سام اُستادِ خوب و سَختگیری است. ۲- سام هَم ایرانی ست و هَم آمریکایی. ۳- دانشجویان رَوشِ تَدریسِ سام را دوست دارند. ۴- سام در نیویورک زندگی می کند. ۵- سام در ایران بُزُرگ شده است.
Exercise 4.4 ۱- به دُنیا آمده است ۲- زبانِ فارسی ۳- راضی هَستند ۴- فارسی یاد می گیرَند ۵- سَختگیری
Exercise 4.5 بیست سالِ پیش سام برایِ اِدامه ی تَحصیل به آمریکا آمد .
Exercise 5.1 ۱- F ۲- T ۳- F ۴- F ۵- T ۶- F ۷- F ۸- T ۹- T
Exercise 5.2 ۱- تابستانِ ۲- هَمکلاسِ ۳- پدرِ پارسا ۴- هستَند ۵- خاصّی ۶- سَفَر کردن ۷- اَغلَب ۸- سَفر کند ۹- دوست دارد
Exercise 5.3 ۱- پارسا و دیوید با هَم دوست هستند. ۲- دیوید به یادگیریِ زبانِ فارسی عَلاقه ی خاصّی دارد. ۳- پدَرِ پارسا با او به ایران سَفَر خواهد کرد. ۴- سَفَر کردن برایِ پدر بُزُرگ و مادربُزُرگِ پارسا مُشکل است. ۵- پارسا تابستانِ آیَنده به ایران خواهد رفت.
Exercise 5.4 پدر بُزُرگ و مادر بُزُرگِ پارسا پیر هستند.
Exercise 5.5 ۱- بَستِگانِ ۲- سَفر کردن ۳- پِدَرَش ۴- دوست و هَمکلاس ۵- ایران
Exercise 6.1 ۱- T ۲- T ۳- T ۴- F ۵- F ۶- F ۷- F ۸- T ۹- T

Exercise 6.2
۱- دوست دارد ۲- کوچَک ۳- گُل های رَنگارَنگ ۴- کار کردن - آرامِش ۵- مریَم - آب می دهد ۶- بُن بَست ۷- باغچه ی ۸- بُزُرگ ۹- خوشِ
Exercise 6.3
مریم هَر روز گُل هایِ باغچه را آب می دهد .
Exercise 6.4
۱- خانه ی ما در آخرِ یک کوچه ی بُن بَست قَرار دارد. ۲- خانه ی ما باغچه ی قَشَنگی دارد. ۳- مریم دوست دارد در باغچه گُل بکارد. ۴- مریم هر روز گُل های باغچه را آب می دهد. ۵- خانه های دیگرِ این کوچه از خانه ی ما بزرگ تر هستند.
Exercise 6.5
۱- گُل های تازه ۲- در آخَر ۳- باغچه ای کوچَک ۴- گُل ها ۵- زیباتر
Exercise 7.1
۱- F ۲- T ۳- F ۴- T ۵- T ۶- F ۷- T ۸- F ۹- T
Exercise 7.2
۱- اِمروز ۲- دوستان شان ۳- تَصمیم گرفته است - دُرُست کند ۴- دیوید ۵- اُمیدوارَست ۶- ندارد ۷- غافلگیر ۸- خانه ۹- شُکُلاتی
Exercise 7.3
دیوید توت فَرَنگی و اَنگور هَم خَریده است.
Exercise 7.4
۱- دیوید دوستان شان را برایِ شام دَعوت کرده است. ۲- اِمروز ، روز تَوَلُّد مریم است. ۳- دیوید می خواهد ساندویچِ مُرغ دُرُست کند. ۴- دوستِ دیوید قول داده است برایِ مریم کیک تَوَلُّد بپَزَد. ۵- دیوید حَیاط را جارو می زند.
Exercise 7.5
۱- سالادِ سیب زَمینی ۲- چَند نَفَر ۳- خانه ۴- خانه را ۵- توت فَرَنگی و اَنگور
Exercise 7.6
دیوید حَیاط را جارو می زند.

Exercise 7.7

۱- اِمروز، روزِ تَوَلُّدِ مریم است.

۲- مریم غافلگیر خواهد شد.

۳- دیوید می خواهد سالاد سیب زمینی دُرُست کند.

۴- دیوید چیپس و پَنیر خَریده است.

۵- مریم کیکِ شُکُلاتی دوست دارد.

Exercise 8.1

F-۱ T-۲ F-۳ F-۴ T-۵ F-۶ T-۷ T-۸ F-۹

Exercise 8.2

۱- مَطَبِ   ۲- هَمیشه   ۳- ایرانی - حَرف بزند   ۴- دوست دارد - گُلکاری   ۵- گُل و گیاه

۶- مُنشیِ   ۷- رَنگارَنگ   ۸- دَفتریِ   ۹- راضی

Exercise 8.3

مَطَبِ دُکتُر هَمیشه شُلوغ است.

Exercise 8.4

۱- مریم مُنشیِ یک دُکتُرِ گوش و حَلق و بینی است.

۲- مریم به دو زبانِ انگلیسی و فارسی مُسَلَّط است.

۳- مریم می تواند با بیمارانِ ایرانی به زبانِ فارسی صُحبَت کند.

۴- مریم آرزو دارد روزی یک مَغازه ی گُل فُروشی باز کند.

۵- مَطَبِ دُکتُر هَمیشه شُلوغ است.

Exercise 8.5

۱- با خوشرویی   ۲- حَلق   ۳- هَمیشه   ۴- راضی   ۵- روزی

Exercise 9.1

F-۱ F-۲ T-۳ T-۴ T-۵ F-۶ F-۷ T-۸ T-۹

Exercise 9.2

۱- برایِ   ۲- کاسه ی   ۳- شُکُلاتی   ۴- بیرون می آورد   ۵- یَخچال

۶- توت فَرَنگی   ۷- خامه ی سفید   ۸- قالب   ۹- می زند

Exercise 9.3

پارسا کِیک را با خامه تَزئین می کند .

Exercise 9.4

۱- پارسا دارد یک کیکِ شُکُلاتی می پَزَد.

۲- پارسا دورِ کیک را با توت فَرَنگی تَزئین می کند.

۳- مایه ی کیک بایَد چهِل و پَنج دَقیقه در فِر بِپَزَد.

۴- پارسا تُخمِ مُرغ ها را در یک کاسه ی بزرگ می شِکَنَد.

۵- کیک بایَد در یَخچال خُنَک شود.

Exercise 9.5

۱- ساعَت ۲- شُکُلاتی ۳- چَنگال ۴- قالِب ۵- توت فَرَنگی

Exercise 10.1

۱- F ۲- F ۳- T ۴- T ۵- F ۶- T ۷- T ۸- F ۹- T

Exercise 10.2

۱- سَرَم ۲- ایرانی - فارسی ۳- تلفُن زدم ۴- مُعاینه کرد ۵- استراحَت کنم

۶- اُستاد ۷ - چیده بودند ۸- امروز ۹- عاقبَت

Exercise 10.3

دکتر سام را مُعاینه کرد .

Exercise 10.4

۱- امروز صُبح وَقتی بیدار شدم، سَرَم دَرد می کرد.

۲- به مَطَب دکتر تلفُن زدم و وَقت گرفتم.

۳- من و خانُم مُنشی گاهی با هَم به زبانِ فارسی حرف می زنیم.

۴- من یکی از مَجَلّه ها را برداشتم و وَرَق زدم.

۵- من باید خودم را به دانشگاه برسانم.

Exercise 10.5

۱- می سوخت ۲- مَطَب دکتر ۳- نشسته اند ۴- معاینه کرد ۵- فرصت

Exercise 11.1

۱- F ۲- F ۳- T ۴- F ۵- F ۶- F ۷- F ۸- T ۹- F

Exercise 11.2

۱- کنار ۲- سالَن ۳- بَعد از ظُهر ۴- تأخیر ۵- نشَسته

۶- نیمکت های ۷- سال ۸- زندگی می کند ۹- لوس آنجلس - نیویورک

Exercise 11.3

پرویز تَرجیح می دهد نِشَسته چُرت بزند .

Exercise 11.4

۱- شوهَرَم کنارِ من رویِ نیمکت نشسته است.

۲- اینجا فُرودگاهِ لوس آنجِلس است.

۳- پَروازِ ما به نیویورک تأخیر دارد.

۴- پرویز خَسته شده است و اوقاتَش تَلخ است.

۵- پَروازِ مُستَقیم از لوس آنجِلس به نیویورک هَفت ساعَت است.

Exercise 11.5

۱- نیمکت ۲- پَرواز می کنیم ۳- بُلَند شود ۴- دیدنِ ۵- طولانی ست

Exercise 12.1

T -۱ T -۲ F -۳ F -۴ T -۵ F -۶ F -۷ T -۸ T-۹

Exercise 12.2

۱- مُسِن ۲- پرویز ۳- ده سالِ ۴- به زَمین اُفتاد - شِکست ۵- مِهمانی بدهند

۶- عَصا ۷ - طولانی ۸- دَرد می کند ۹- چهار ساله

Exercise 12.3

آقای سَلیمی باید با عَصا راه برود.

Exercise 12.4

۱- خانُم و آقایِ سَلیمی بَعد از سال ها نَوه شان را خواهند دید.

۲- ده سال قَبل ، خانُم و آقایِ سَلیمی به آمریکا سفر کردند.

۳- راه رفتن برایِ آقایِ سَلیمی مُشکِل است.

۴- پارسا از آخَرین سفرش به ایران چیزی به خاطِر ندارد.

۵- پارسا می تواند با دُختَر عَمّه ها و پِسَر عَموهایش آشنا شود.

Exercise 12.5

۱- بَرف ۲- پِسَرَش ۳- کَمَرِ ۴- راه رفتن ۵- مُسِن

Similar Books by the Author

How to Write in Persian
(A Workbook for Learning The Persian Script)
Nazanin Mirsadeghi

<<<<<<<<<<<<<<<<<<<<<<<<<<<<<<<<<<<

100
Persian Verbs
(Fully Conjugated in the Most Common Tenses)
Nazanin Mirsadeghi

<<<<<<<<<<<<<<<<<<<<<<<<<<<<<<<<<<<

1000 +
Most Useful
Persian Words
Nazanin Mirsadeghi

<<<<<<<<<<<<<<<<<<<<<<<<<<<<<<<<<<<

100
Irregular
Persian Verbs
(Fully Conjugated in the Most Common Tenses)
Nazanin Mirsadeghi

500 +
Persian Phrases
(Daily Conversations for Better Communication)
Nazanin Mirsadeghi

<<<<<<<<<<<<<<<<<<<<<<<<<<<<<<<<<<<<<<<

Essentials of
Persian Grammar
(Concepts and Exercises)
Nazanin Mirsadeghi

<<<<<<<<<<<<<<<<<<<<<<<<<<<<<<<<<<<<<<<

Laugh and Learn
Persian Idioms
Nazanin Mirsadeghi

<<<<<<<<<<<<<<<<<<<<<<<<<<<<<<<<<<<<<<<

Persian Folktale

Once Upon a Time
(Seven Persian Folktales)
Persian/Farsi Edition
Meimanat Mirsadeghi (Zolghadr)

<<<<<<<<<<<<<<<<<<<<<<<<<<<<<<<<<<<<<<<<<

To Learn More, Please Visit Bahar Books Website:

Bahar Books

www.baharbooks.com

www.ingramcontent.com/pod-product-compliance
Lightning Source LLC
LaVergne TN
LVHW081358060426
835510LV00016B/1890